地球の歩き方 島旅 11
[3訂版]

海と美景に彩られた島

宮古島

MIYAKO

大神島 多良間島 池間島 来間島 下地島 伊良部島

島の皆さんからのメッセージ

宮古島へようこそ！

宮古島で暮らし、島を愛する皆さんが、
宮古島の魅力やおすすめの楽しみ方を教えてくれました♪

Welcome

街歩きに
豆乳をどうぞ！

食文化が豊かです。
いろいろな郷土料理を
食べてみてくださいね！

おいしい
おにぎりをどうぞ！

元気なスタッフが
お待ちしています！
一緒に写真撮りましょう〜♪

くじら食堂
伊東まおさん（中）
わたぼさん（左）
野村亮太さん（右）

平良市街地
P.96

平良市街地
P.98

まごとうふ
源川彩さん

自慢のカレーを
食べに来てね

伊良部島の海は感動モノ。
よく晴れた日には
カヤックで
透明度抜群の海を
楽しんで！

最高の宮古牛を
ご用意しています！

パイナガマ海空
すこやか公園にある
ピキャズという
パワースポットが
お気に入り。
心が癒やされます

伊良部島
P.106

insula curry
宮国 敏幸さん

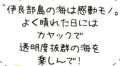

きれいなガラスを
作りにきてね♪

海や夕焼けの空や花など
琉球ガラスみたいに
きれいな色に
あふれた島です！

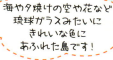

ガラス工房 PONTE
東野稚子さん（左）
与那覇夏永さん（右）

南部
P.53

ユキシオステーキ。
粟原義章さん

平良市街地
P.68

2

完熟マンゴー「恋ぽとりん」を味わってみてください

島にはおいしい野菜や果物がたくさん。四季折々の味を楽しんでくださいね

トリコファーム
国吉翔平さん（左）
国吉りほさん（右）

南部
P.103

ハチミツの味を楽しんで！

季節によって違う

店の周りは花がいっぱいです。花々を眺めながらテラスでゆっくり過ごしてください

あらぐすくミツバチガーデン
嵩原千恵子さん（中）
嵩原麻衣子さん（左）
嵩原裕紀さん（右）

南部
P.104

ハンドドリップのコーヒーも自慢です

島のゆったりした時間のなかでなにもせず、ぼーっと過ごすのがおすすめです！

平良市街地
P.98

Burwood DONUTS
櫻井春奈さん（左）
櫻井大地さん（右）

集落にはさまざまな風習が残っています。祭りの時期に来るのもおすすめです

ユニークな人が集まってきて活気がある島です！マンゴーカフェの仲間もみんな元気いっぱいですよ！

マンゴーカフェでのんびり過ごしてください

平良郊外
P.70

Blue Turtle Farm & Mango Cafe
松川正昭さん（左）
米倉陵さん（右）

パーントゥグッズが揃っています！

北部
P.101

島尻購買店
友利豊さん

3

日常から離れて……心と体を解放する旅

島旅×ジブン時間

島に着いたら、まずは緩やかに流れる島時間に身を任せてみよう。
予定を詰め込み過ぎず、ただ気の向くままに過ごすだけ。
忙しい毎日を忘れて心から癒やされる、そんな安らぎの休日が待っている。

東洋一の美しさといわれる与那覇前浜ビーチ。遠くに来間大橋が見える

1

View

島旅×ジブン時間

ここにしかない、美景に会いに行く

宮古島と池間島、伊良部島、来間島の3島を結ぶ橋をはじめ、
真っ白な灯台が立つ東平安名崎や夕景が美しい西平安名崎など、ここでしか出合えない絶景を巡って。

2

4

6

3

5

1. 下地島空港では離発着する飛行機を間近に見ることができる
2. 夏になると島内の数ヵ所で黄色に染まったヒマワリ畑が見られる
3. 夜空には一面の星が広がる。夏場には天の川もくっきり!
4. 春から初夏にかけて、ブーゲンビリアが咲くユートピアファーム
5. 下地島のパワースポット通り池。ふたつの池が海中でつながっている
6. 西平安名崎のシュリンプワゴン。芝生ではピクニックが楽しめる

上／下地島空港の北側にある17エンド。干潮時に白砂のビーチが現れる
下／宮古島を代表する絶景スポット、東平安名崎。光のきれいな午前中がいい

Ocean

島旅×ジブン時間

多彩なブルーを舞台に海遊び！

宮古島を囲む海は、同じ場所であっても見る時間帯によって少しずつ表情を変える。
マングローブ域から珊瑚礁まで、異なる環境の海で雄大な自然のパワーを感じたい。

1. 宮古島の北に広がる八重干瀬へは、スノーケリングツアーで訪れて
2. 宮古ブルーといわれる真っ青な海。身も心も青に染まりそう
3. 宮古島の海にはウミガメが生息している。一緒に泳いでみよう
4. イムギャーマリンガーデンの入江はまるで天然のプール
5. リーフに守られた保良泉ビーチではシーカヤックを楽しめる
6. 砂山を上りきると目の前には真っ青な海が広がる砂山ビーチ

上／日本最大級の珊瑚礁、八重干瀬。色とりどりの魚たちが集まる
左下／さまざまな生き物が住むマングローブ林をカヤックで探検
右下／島の周りの海には洞窟が多数あり、ダイバーに人気だ

Culture

島旅×ジブン時間
神秘の宮古カルチャーに触れる

移住者が少ない宮古島には、古くより受け継がれてきた文化・風俗が色濃く残る。
宮古島らしさ、沖縄らしさを感じたとき、旅はいっそう思い出深いものになる。

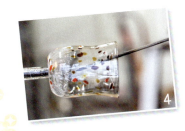

1. 細い路地にパステルカラーの家が並ぶ、伊良部島の佐良浜集落
2. 民謡酒場は島に10軒ほどある。一緒に踊っておおいに盛り上がろう
3. 美しい琉装を着て記念撮影。毎年撮影に訪れる人もいるそう
4. 息を吹き込んで作る琉球吹きガラス。オリジナルグラスを作ろう
5. 島のフルーツを使ったスイーツやジュースでクールダウン
6. 旧暦5月4日の海神祭（ハーリー）ではサバニのレースが開かれる

上／島民だけでなく観光客でもお参りができる平良市街の漲水御嶽
左下／沖縄民謡に欠かせない三線。体験教室で、気軽にチャレンジ
右下／島を訪れたらぜひ味わいたい宮古そば。ボリュームもたっぷり!

地球の歩き方
島旅 11

宮古島 3訂版
contents

島の皆さんからのメッセージ
宮古島へようこそ! ……………… 2

巻頭グラフ
島旅×ジブン時間 ……………… 4
ひと目でわかる宮古島 ……… 14
宮古島の島ごよみ …………… 16

宮古島をもっとよく知る
Keyword ……………………… 18
とっておき島みやげ ………… 20
今すぐ食べたい島グルメ …… 22

島人インタビュー Interview

宮古民謡唄者
與那城 美和さん ……………………… 24

金城陶芸
金城 直敏さん ………………………… 32

宮古島サスティナブルツーリズム連絡会
春川 淳さん、京子さん ……………… 92

宮古島チーズ工房
冨田 常子さん ………………………… 110

プラネット・フォー代表
中村 良三さん ………………………… 124

宮古島の巡り方 25
Recommended Routes

タイプ別モデルプラン①
▶ ドライブで宮古島満喫プラン ……… 26

タイプ別モデルプラン②
▶ 南部リゾートでのんびりプラン …… 28

タイプ別モデルプラン③
▶ バスを使って島巡り ………………… 30

宮古島の遊び方 33
How to Enjoy

癒やしの絶景めぐり ……………………… 34

海体験
八重千瀬スノーケリングツアー ………… 38
カヤックで行く!鍾乳洞探検隊 ………… 40
青の洞窟＆神秘の洞窟スペシャルツアー … 41
シギラビーチシュノーケルツアー ……… 42
マングローブ体験学習ツアー／
サンセットディナークルーズモンブラン／
水中観光船シースカイ博愛 ……………… 43
宮古島の人気ビーチ10 ………………… 44

森体験
体験マングローブカヤック ……………… 46
うぷきの森探検ナイトツアー …………… 47

島カルチャー
動植物図鑑 ………………………………… 48
佐良浜町歩き＆お宅訪問 ………………… 50
島のおじいと港釣り／魚さばき体験＆ランチ … 52
琉球吹きガラス体験 ……………………… 53
黒糖＆島バナナ スイーツ作り体験／
宮古島琉装体験 …………………………… 54
伝統の三線体験／カチャーシー体験 …… 55
シーサー作り体験／キャンドル作り／
夜空観賞ツアー …………………………… 56
アクティビティ会社リスト ……………… 57
島の学べる遊びスポット ………………… 58
下地島空港が楽しい! …………………… 60
行きたい!食べたい!絶品宮古そば …… 62
島食堂でおなかも心も満たされる ……… 64
平良で話題のレストラン ………………… 66

12

幻の宮古牛が食べたい！ …………… 68
島のくつろぎカフェでひとやすみ ……… 70
島スイーツコレクション ………………… 72
島唄ライブに行ってみよう ……………… 74
あたらす市場 ワンダーランド …………… 76
スーパーで買う沖縄みやげ……………… 77
シギラセブンマイルズリゾートで
バカンスを100％満喫！ ……………… 78
至極のリゾートホテル ………………… 82
プライベート空間の極上リゾート ……… 86
キッチン付きコンドミニアム …………… 87
宮古島のパワースポット巡り …………… 88
宮古島の泡盛に魅せられて ……………… 90

Area Guide
宮古島の歩き方 93

エリアガイド
平良 ……………………………………… 94
観る・遊ぶ ……………………………… 95
食べる・飲む …………………………… 95
買う ……………………………………… 98
泊まる …………………………………… 99

北部・池間島 ………………………… 100
観る・遊ぶ ……………………………… 101
食べる・飲む …………………………… 101
買う ……………………………………… 101

南部・来間島 ………………………… 102
観る・遊ぶ ……………………………… 103
食べる・飲む …………………………… 103
買う ……………………………………… 104

伊良部島・下地島 …………………… 105
観る・遊ぶ ……………………………… 105
食べる・飲む …………………………… 106
買う ……………………………………… 106

多良間島 ……………………………… 107
観る・遊ぶ ……………………………… 108
食べる・飲む …………………………… 109
買う ……………………………………… 109
泊まる …………………………………… 109

More about Miyakojima
宮古島の深め方 111

宮古島の地理と産業 …………………… 112
宮古島の歴史 …………………………… 114
宮古島の祭り歳時記 …………………… 116
宮古島まもる君巡礼の旅 ……………… 118
奇岩と神の島　大神島へ ……………… 120
島言葉 …………………………………… 122
宮古島の本＆CDセレクション ………… 123

Basic Information
旅の基本情報 125

旅の基礎知識 …………………………… 126
宮古島へのアクセス …………………… 130
宮古島の島内移動術 …………………… 132
多良間島へのアクセス ………………… 133
観光案内所活用術／宿泊リスト ……… 134

索　引 …………………………………… 135
奥　付 …………………………………… 136

本書の見方

使用しているマーク一覧

交 交通アクセス　　休 定休日　　　　　📷 観る・遊ぶ
❶ バス停　　　　　料 料金　　　　　　🍽 食べる・飲む
住 住所　　　　　　客室数 客室数　　　🛍 買う
電 電話番号　　　　カード クレジットカード　🏨 泊まる
FAX FAX番号　　　駐車場 駐車場　　　voice♪ 編集部のひと言
問 問い合わせ先　　URL ウェブサイト　　✉ 旅人の投稿
時 営業・開館時間　予約 予約
所要 所要時間　　　　⭕ Instagramアカウント

地図のマーク

🔴 観る・遊ぶ　　🅐 アクティビティ会社　♨ 温泉
🅡 食事処　　　　🅒 教会　　　　　　　❶ 観光案内所
🅢 みやげ物店　　🅣 寺院　　　　　　　🅇 学校
🅗 宿泊施設　　　🅙 神社

※本書に掲載されている情報は、2024年5月の取材に基づくものです。
※各施設・店舗にて休業日・営業時間等に変更が生じている可能性があります。ご旅行の際には必ず現地で最新情報をご確認ください。また弊社では、掲載情報による損失等の責任を負いかねますのでご了承ください。
※商品・サービスなどの価格は原則として取材・確認時の税込価格で表示しています。
※休館日や休業日は年末年始、お盆を省き、基本的に定休日のみを記載しています。
※宿泊料金は特に表示がない場合、1室2名利用時の1名あたりの料金です。また、素…素泊まり、朝…朝食付き、朝夕…朝夕食付きを意味します。

"宮古ブルー"の海に囲まれたマリンパラダイス

ひと目でわかる宮古島

沖縄本島から南西に約300kmの海上に浮かぶ宮古島。
最大の繁華街平良をもつ宮古島を中心に、豊かな自然と独特の文化が残る、
個性豊かな大小8つの島の概要を見てみよう。

島で〜た

【宮古島】 2024年時点
人　　口　4万7300人
面　　積　158.93km²
最高地点　115m

【伊良部島】
人　　口　4793人
面　　積　29.06km²
最高地点　89m

【多良間島】
人　　口　1024人
面　　積　19.75km²
最高地点　34m

ココ！

水納島

水納島

多良間島の北8kmに位置する島。島の人口は1世帯5人のみ。島に渡るには船をチャーターする。

多良間島
✈ 多良間空港

八重山遠見台
からの眺め

多良間島（たらまじま） P.107

宮古島の西約70kmに浮かぶ人口1000人ほどの小さな島。島の基幹産業はサトウキビの栽培と肉用牛の放牧。八月踊りをはじめ古くからの伝統芸能が継承されている。

神秘的な
通り池

P.105
伊良部島（いらぶじま）
下地島（しもじじま）

2015年に開通した伊良部大橋で宮古島と橋で結ばれた。下地島空港がオープンしアクセスが便利に。

気になる ベーシックインフォメーション Q&A

Q 何日あれば満喫できる？

A 2泊3日〜がベスト
1泊でも可能だが、せっかくならば2泊はしたいところ。アクティビティを楽しむなら3泊は欲しい。多良間島へ足を延ばすならプラス1〜2日を。

Q 予算はどれくらい必要？

A 2泊3日で3万5000円〜
羽田から宮古島への飛行機の正規運賃は片道6万5000円とかなり高額。早割や、ツアーをうまく活用したい。2泊3日で3万5000円〜が目安。

Q ベストシーズンはいつ？

A 海遊びなら6〜9月
6月中旬を過ぎると海水温が上がり、海水浴をはじめとした海遊びを満喫できる。7〜8月は天候も安定し海がよりいっそう青く明るく輝く。

Q 宿泊施設は充実している？

A ホテルから民宿まで多彩
ビジネスホテルやリゾートホテル、民宿など選択肢は豊富。しかし近年の宮古島人気により宿は慢性的に不足状態。ハイシーズンの予約は早めに。

14

1425mの橋を渡る!

池間島（いけまじま） P.100

宮古島北部にある600人ほどが住む島。中央部には湿原があり水鳥が生息する。沖合に大規模な珊瑚礁群、八重干瀬がある。

ノッチと呼ばれる奇岩がごろごろ

大神島（おおがみじま） P.120

宮古島の北東約4kmに浮かぶ人口約20人の島。島への移動手段は船のみ。伝統的な神事を守り、秘祭が多いがその実態は明らかではない。

島へのアクセス
詳しくはP.130参照。

宮古島への交通
東京、大阪、名古屋、福岡、那覇などの主要都市と宮古空港を飛行機が結ぶ。また、下地島空港は、東京、神戸、那覇から直行便がある。

多良間島への交通
多良間島の多良間空港へは宮古空港から琉球エアコミューターで約25分、1日2往復。多良間島の多良間港までは宮古島の平良港からフェリーで約2時間。1日1往復。

折り込み Map⑥ 池間島

池間島
● 池間大橋
大神島
230

西平安名崎
東シナ海に突き出した岬。いくつもの風車が回り、のどかな風景を作り出す。

● 島尻のマングローブ林

宮古随一の歓楽街

折り込み Map④ 伊良部島 & 下地島

204
下地島空港
伊良部島
90
▲牧山
204
下地島
伊良部大橋
252

大浦湾

折り込み Map① 平良市街地

平良（ひらら） P.94
宮古島の中心となる街。多数の飲食店や商店が並び、深夜までにぎわう。市街地にはビジネスホテルも多い。

390
宮古空港
78 243 83
194
宮古島
与那覇湾
200 246 78
190 198
197 235 202
199
235 390
東平安名崎 ●

折り込み Map③
東平安名崎周辺

来間島

折り込み Map② 上野中心部

空港から20分とアクセス良好

折り込み Map⑤ 来間島

来間島（くりまじま） P.102
来間大橋で結ばれた島。小さな集落のほかはサトウキビ畑がメイン。近年おしゃれなカフェが続々オープン。

東平安名崎
宮古島の南東端に延び、隆起サンゴの石灰岩からなる2kmに及ぶ半島。3〜4月にかけてテッポウユリが岬に咲き乱れる。

さて、宮古島へはいつ行きましょうか？ 四季折々のイベントと味覚をチェック

宮古島の島ごよみ

平均気温 & 降水量

※参考資料　気象庁ホームページ
www.jma.go.jp/jma
※気象庁宮古島気象台宮古島観測所における
　1991〜2020年の平均値
※日の出、日の入りは各月の1日を基準とする

	1月	2月	3月	4月	5月
最高気温（℃）	20.6	20.6	22.8	25.1	27.7
平均気温（℃）	18.3	18.6	20.1	22.5	25.0
最低気温（℃）	16.3	16.6	17.9	20.4	23.0
降水量（mm）	138.8	119.5	138.7	148.7	222.3
日の出／日の入り	7:23／18:01	7:21／18:24	7:02／18:41	6:31／18:55	6:04／19:08
海水温	20.1℃	20.2℃	21.2℃	23.2℃	25.9℃

宮古島　平均気温（℃）　　東京　平均気温（℃）
　　　　最高気温（℃）　　　　　降水量（mm）
　　　　最低気温（℃）
　　　　降水量（mm）

シーズンガイド

オフシーズン　　　　　　　　　　　　　　　　　梅雨

 冬 12〜2月
最も寒い1〜2月で平均18〜19℃。最低気温15〜16℃と温暖。海の透明度が上がるシーズン。

 春 3〜5月
4月に入ると最高気温が25℃まで上がることも。5月中旬には梅雨入りし、梅雨明けまでに年間降水量の2割が降る。

お祭り・イベント
※詳しくはP.116へ

宮古島 100km ワイドーマラソン
22km、50km、そして宮古島を1周する100kmを走り抜けるマラソン大会。

多良間島 ピンダアース大会
ヤギが角をぶつけ合い強さを競う大会。

全日本トライアスロン宮古島大会
スイム、バイク、ランで競う過酷な戦い。

見どころ・旬のネタ
※詳しくはP.129へ

🍊 シークヮーサー

🍈 メロン

🌸 東平安名崎のテッポウユリ

🌿 サトウキビ

16

年間平均気温23℃、降水量2200mmの亜熱帯海岸性気候に属する宮古島。
1年を通してさまざまなイベントが行われる。夏場のマンゴーをはじめ、
南国フルーツや沖縄野菜も楽しみ。

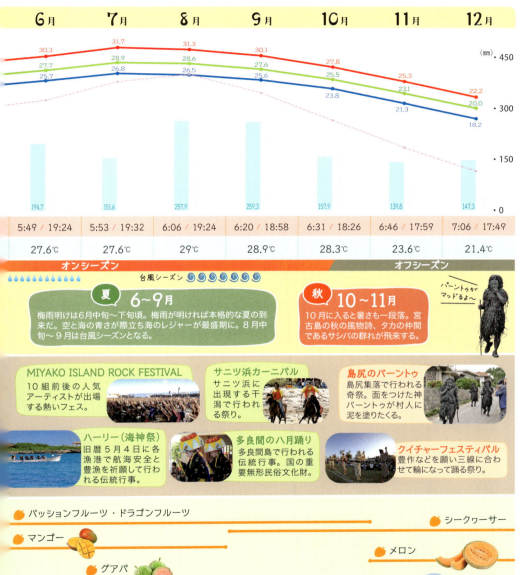

美ら海に浮かぶ、古の文化が息づく島

宮古島をもっとよく知る Keyword

島々を橋が結び、新空港が開港しさらに活気づく島だが、一歩集落を出れば、緩やかな時間が流れている。沖縄本島とも八重山諸島とも違う、独自の文化を育む島のことを知ろう。

まさに果物の王様！香り高い熱帯の味

宮古島を代表するフルーツ。おもにアップルマンゴーとキーツマンゴーが栽培されており、収穫は6〜8月頃。生食のほか、かき氷やプリンなどで味わって。

口上を述べながら泡盛を酌み交わす

宮古島独特の習慣。親が口上を述べたあと、杯を参加者に渡す。受け取った人は飲み干し酒を満たして親に戻す。これを繰り返す。

おとーり
Otori

マンゴー
Mango

宮古そば
Miyako Soba

あっさりスープと平麺の島人のソウルフード

平麺の中華麺を豚やカツオなどのスープでいただく宮古島発祥のそば。伝統的な店では具材を麺の下に隠すことも。またジューシー（炊き込みご飯）と一緒に食べるのも沖縄ならでは。

八重干瀬
Yabiji

大潮のときに現れる幻の大陸

池間島の沖に広がる大小120ほどの珊瑚礁群。普段はスノーケリングツアーなどで訪れるが、大潮のときのみ海面上に現れる。国の名勝及び天然記念物。

宮古本島と離島を結ぶ3つの橋

宮古本島周辺の3つの島、来間島、池間島、伊良部島はすべて本島と橋で結ばれている。青い海に架かる橋は眺めも美しい。

橋
Bridge

パーントゥ
Pantu

宮古島に伝わる悪霊祓いの伝統行事

島尻地区と上野地区に伝わる奇祭で特に島尻のものが有名。面をつけ泥をまとった来訪神のパーントゥが集落を訪れ、泥をつけて回る。

民謡居酒屋
Minyou Izakaya

唄って踊れる楽しい居酒屋
郷土料理を食べながら沖縄民謡が聴ける店。最後は客も唄って踊ってみんなで盛り上がる！→ P.74

東平安名崎
Higashi Hennazaki

宮古島最東端にすっと延びる美しい岬
日本百景に数えられる宮古島きっての絶景。コバルトブルーの海に突き出した岬の先端には真っ白な灯台が。3月下旬〜4月上旬はテッポウユリが彩る。

歴史と文化が残る綾道＝美しい道
宮古の言葉で美しい道を意味する綾道。平良に残る史跡や文化財をたどる綾道を歩けば宮古島を深く知ることができる。ツアーも開催。→ P.50

綾道（あやんつ）
Ayantsu

ハーリー
Hurley

宮古島各港で航海安全を祈願して開催
旧暦5月4日に行われる伝統行事。伝統的な踊り、クイチャーを踊ってから、サバニという小型漁船でレースを行う。

宮古馬
Miyako Horse

宮古列島のみに生息する日本在来馬のひとつ
日本に在来する8馬種のうちのひとつ。体高は120cm前後と小型。宮古島市熱帯植物園（→P.95）、まいぱり（→P.59）で見ることができる。

宮古島まもる君
Miyakojima Mamorukun

宮古島の交通安全を見守り続ける20人
宮古列島の道路に設置されている警察官風の人形。交通事故の多いエリアに置かれており、現在20人が警備に当たっている。→ P.118

地下ダム
Underground Dam

宮古の農業を支える地下に隠されたダム
川がなく水の確保が困難な宮古島。そこで作られたのが地下に止水壁を作って水を貯める地下ダム。地下ダム資料館で詳しく知ることができる。→ P.103

島みやげ
沖縄定番みやげから キュートな雑貨まで
とっておき

島の味覚からおしゃれ雑貨まで豊富におみやげが揃う宮古島。
何を買おうか思わず目移りしちゃいそう！

しあわせぐるぐる♪

宮古うずまきそば
800円(3個)
ドラゴンフルーツ・ウコン・ゴーヤ

持ち帰って食べたい沖縄の味！
定番 名産品&特産
沖縄そばやラフテー、宮古島の魚介、塩など、自宅でも宮古島の味を楽しんで！

996円
なまり節
具材にもだしにも使える便利なカツオの加工品 M

648円
らふてぃ
温めるだけのラフテー。そばの上にのせて召し上がれ B

210円
沖縄そば
ゆでるだけで簡単に沖縄そばができる。だし付きで便利 F

宮古うずまきそば
ウコン、ゴーヤ、ドラゴンフルーツを練り込んだカラフルな沖縄そば C

750円
しっとり鰹フレーク
ピリ辛&ニンニク風味がやみつきになる。ご飯のおともに！ M

各290円
宮古島まるこちゃんミニチュアボトル
宮古島まもる君ミニチュアボトル
宮の華の泡盛が詰められた100mlのミニボトル。ぜひセットで F

1587円
畑ぬ月
ブラウンスイス種のミルクで作ったカマンベールタイプ。とろりと濃厚な味わい J

268円
じゅーしぃの素
ご飯を炊くときに米と一緒に炊飯器に入れれば、熱々ジューシーのできあがり F

1458円
MEME モッツァレッラ
ヤギミルクと牛乳のモッツァレラ。両方のコクが楽しめる（5〜11月限定）J

島の素材が料理を引き立てる！
うま味たっぷり!! 調味料
豊かな島の自然から生まれた調味料が、素材の味を何倍にもおいしくする♪

938円
TERIYAKI BBQ SAUCE
宮古島の食材やスパイスを凝縮したうまだれ。炒め物や煮物の隠し味に F

690円
タンカンドレッシング
甘酸っぱいタンカン風味が心地いいドレッシング F

あぶらみそ かつおみそ
沖縄県産のちゅらぶたを使った濃厚あぶら味噌と、カツオを使ったさっぱり味の味噌
800円 800円

691円
ハイサイソース
ぴりっと辛いソース。タコライスやチャーハンなどの味つけに F

842円
島とうがらし
宮古島産のトウガラシを泡盛に漬け込んだコーレーグース。沖縄料理には欠かせない F

20

おみやげにぴったりな島スイーツ
島民もLOVEな スイーツ&フルーツ
島のフルーツを使ったスイーツや、ローカルスイーツをチェック！

1500円
宮古島はちみつ
島の花からできた香り高い濃厚なハチミツ L

840円
マンゴージャム ドラゴンフルーツジャム
旬の果物を贅沢に瓶詰。着色料・香料不使用で素材の甘味が楽しめる K

砂糖がシャリシャリ！
180円
うずまきサンド
伊良部島名物うずまきパン。パンにバタークリームをサンド F

1000円程度
マンゴー
6〜8月の旬の時期は生マンゴーも登場。フレッシュ果実を自宅でも E

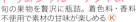
740円
バナナケーキ
自然な甘さが生きた、素朴な味わいのバナナケーキ D

1200円
雪塩さんど 6個入り
ほんのり塩味のサブレにエアインチョコを挟んだ軽い口当たりのサンド A

島の思い出をお持ち帰り
個性が光る 雑貨
島のアーティストが作ったおしゃれアイテムやコスメが勢揃い

900円
ヘアゴム
シンプルな魚のデザインと色使いがかわいい、革製のヘアゴム G

1100円
キーヘッド
色とデザインバリエーション豊富なキーヘッドで、複数のカギの管理も楽々 G

1万9900円
ショルダーバッグ
刺繍で魚を表現したデザイン性の高いハンドバッグ。使うほどに味が出る牛革製 G

1980円
ミネラルソルト ホームスパ
雪塩よりさらに細かい塩。オリーブオイルやハチミツと混ぜてパックに A

各1650円
雪塩石鹸
肌が潤う雪塩使用の石鹸。しっとり&さっぱりタイプからチョイス A

630円
フェイス&ボディソープ
ハーブを配合したやわらかな洗い上がりの石鹸 F

宮古島を代表するキャラに萌え♡
キモカワ系?の パーントゥ&まもる君
宮古島の個性派キャラ、パーントゥとまもる君グッズ

パーントゥ
島尻のお祭りに登場する神。村民に泥を塗りたくる！

1280円

1580円
まもる君
宮古島の交通の安全を守るため、今日も島の各地で静かに警備中

3300円
パーントゥTシャツ
パーントゥの存在感が光るTシャツ。子供から大人までサイズも豊富 H

240円

330円
ステッカー
厄除けや開運に効果がありそうなステッカー。車などに貼って B

日焼けからあなたをマモル君 もっちりマモル君
環境に負荷をかけない素材で作られた日焼け止めと、宮古島のアロエベラを使用したクールダウンジェル。まもる君のような美肌になれるかも C

3500円
パーントゥTシャツ
走っていくパーントゥが描かれたTシャツ I

700円
パーントゥストラップ
持っているとなんとなくいいことが起こりそう。木製ストラップ I

540円
まもる君ふせん
白地部分が大きいので、同僚へのメッセージにも E

ここで買えます！
A	雪塩ミュージアム	P.58
B	coral port the Shop	P.61
C	ぐるぐるめんや	P.73
D	モンテドール	P.96
E	すくばりテラス	P.97
F	島の駅みやこ	P.98
G	soramoyo	P.98
H	デザインマッチ	P.98
I	島尻購買店	P.101
J	宮古島チーズ工房	P.104
K	楽園の果実 cafe & おみやげ館	P.104
L	あらうすくミツバチガーデン	P.104
M	友利かつお加工直売店 海鮮	P.106

21

島グルメ

島の味を丸ごといただき！
今すぐ食べたい

宮古島を食べ尽くし！

ゴーヤチャンプルーやラフテーなどの定番の沖縄料理はもちろん、味わい深い宮古牛や、ねっとり甘〜いマンゴーも外せない！

沖縄伝統の味を食べたい！
ほっこり♪ 郷土料理

沖縄そばやチャンプルー、天ぷらなど、外せない定番沖縄料理はこちら。

宮古そば 700円
豚とカツオだしのスープに平打ちの細麺を合わせるのが宮古流。
●じんく屋 → P.63

ジューシー島豚のラフテー 1380円
ラフテーとジューシー、おいしい郷土料理がパワーアップ。
●ツマンデ呑める みやこパーラー ハイサイ！→ P.67

\ こちらもトライ！／
なかみそば 880円
「なかみ」とは豚の内臓のこと。シイタケやコンニャクと煮込んだ内臓はクセが少なく食べやすい。
●古謝そば屋 → P.63

ざるもずく 660円
香りとのど越しのいいしゃきしゃきのモズク。
●うまいもの酒場 芳野商店 → P.66

ラフテー 720円
豚の三枚肉を泡盛と醤油でじっくり煮込むと、箸で切れる軟らかさに。余分な脂も落ちて上品。
●居酒屋でいりぐち → P.95

泡盛には欠かせない

すくがらす豆腐 530円
アイゴの稚魚の塩漬け「スク」を島豆腐にのせた珍味。
●島唄居酒屋 喜山 → P.75

朝採れ海ぶどう 660円
島でしか味わえない鮮度抜群の海ぶどう。プチプチ感が違う。
●うまいもの酒場 芳野商店 → P.66

島ならではの海の味覚！
鮮度抜群！ 魚介料理

宮古島近海の取れたて魚介を召し上がれ。島ならではの新鮮な魚介は絶品！

近海魚の盛り合わせ 2800円〜
宮古島の海の恵みを堪能するなら盛り合わせ。魚に合わせたていねいな仕事がニクイ。
●フィッシュタヴェルナサンボ → P.66

名物！こぼれまぐろ刺し 980円
宮古島近海で取れたマグロをお刺身でたっぷりと！
●うまいもの酒場 芳野商店 → P.66

カツオのレアカツ〜ニラ醤油をソエテ〜 880円
表面だけをさっと炙ったカツオを、ニラの香る醤油でいただく。
●ツマンデ呑める みやこパーラー ハイサイ！→ P.67

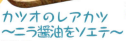

友利さんのカツオなまり節 & 海ぶどう 830円
なまり節と海ぶどうの食感、シークヮーサーの酸味がベストマッチ。
● coral port Grab&Go → P.60

海鮮丼 1200円
伊良部の海で取れたカツオ、イカなどの新鮮魚介がたっぷり。
●おーばんまい食堂 → P.65

メインはコレで決まり！
うま味たっぷり！宮古牛

宮古牛は宮古島で肥育された黒毛和種の牛。有名和牛にも引けを取らない味わいと評判。

宮古牛のステーキ
（コース内の1品）6600円
鉄板でうま味を逃すことなく焼き上げる宮古牛は極上の味わい。
●ユキシオステーキ。→P.68

宮古牛の コク旨カレー
1350円
質のよい宮古牛を贅沢に使った濃厚カレー。口の中にスパイス香が広がる。
●島茶家ヤッカヤッカ→P.104

宮古島産黒毛和牛のステーキ丼 2860円
宮古牛の味へのこだわりはもちろん、北海道産の有機米を使用するなど安心・安全にも配慮あるひと皿。
●楽園の果実 cafe & おみやげ館→P.104

ダグズ・プレミアム多良間牛 ノーベジチーズーバーガー（LAVA）
2590円
味わい深い多良間牛をストレートにいただくシンプルイズベストなバーガー。
●ダグズ・バーガー 宮古島本店 →P.69

甘味でひと息
絶品スイーツ

宮古産のフルーツを使ったスムージーやアイスクリームでリフレッシュ。

さとうきびの生搾りジュース
750円
取れ立てのサトウキビを自分で搾ってつくるジュース。自然な甘味がおいしい。
●宮古きび茶屋→P.101

焼き芋フラッペ
800円
サツマイモの自然な甘さが生きたフラッペ。サツマイモチップがアクセント。
●トリコファーム→P.103

宮古島 赤肉メロン 2300円
2月と5月頃の季節限定。宮古島赤肉メロンをまるごと1個、贅沢に使用。
●果き氷 海莉→P.72

宮古島の宝石☆ 珠玉の味わい
マンゴー

宮古島を代表するフルーツ、マンゴー。6〜8月には生マンゴーも登場。

マンゴープリン 430円
マンゴーの風味豊かな、口溶けなめらかなプリン。
●すくばりテラス→P.97

スノーモンスター
2000円
ミルク味のシェイブアイスに、マンゴー1個分をトッピングした贅沢スイーツ。
●ティダファクトリ→P.97

マンゴーパフェ
1500円
ごろごろのマンゴーの果肉とソフトクリームがたっぷり♪
●Blue Turtle Farm & Mango Cafe →P.70

マンゴーソフト
580円（S）
滑らかな食感のクリームのなかにマンゴーの果肉が。
●ユートピアファーム宮古島→P.104

マンゴーパッションアイス
700円
濃厚なマンゴーの甘味に、パッションフルーツの酸味をプラス。
●まいぱり 宮古島熱帯果樹園→P.59

宮古 島人インタビュー 1
Islanders' Interview

MIYAKONCHU

デビューアルバムは宮古島で異例の大ヒットとなった

さり気なく種をまくように
宮古の古謡を唄いたい

宮古民謡唄者 **與那城 美和**（よなしろ みわ）さん

ライブ終盤になると、観客が自然と踊り出す場面も

生活のなかで唄われた
宮古民謡の原風景

よく晴れたある日の午後、ニンギン商店のテラスに多くの人が集まっていた。お目当ては與那城美和さんの宮古民謡ライブ。店のリニューアルオープンを記念して催された、1日限りのイベントだ。

それは、とても不思議な唄声だった。角が取れたように耳に心地よく、するりと聴き手の心をつかんでしまう。『とうがにあやぐ』、『東里真中』、『豊年ぬ歌』に『崎田川』……。披露されたのはいずれも宮古島の民謡だった。

與那城さんは現在、平良の西里通りにある『島唄居酒屋 喜山』専属の唄者として活動する。ユニークなのはその演目。娯楽志向の強い琉球民謡や沖縄ポップスを聴かせる店がほとんどのなか、彼女が唄うのは宮古民謡ただひとつ。

宮古民謡はその内容をひもとけば日々の暮らしの労苦を唄うものも多く、一概に娯楽的とは言い難い。けれども「だから唄わない」でも「盛り上がるようにアレンジする」でもなく、與那城さんは一つひとつ唄のもつ意味をていねいに汲み取って、場にふさわしい唄を選んで静かに唄い上げる。

「娯楽として受けるかどうかはともかく、宮古に来て、島の唄が聴ける場所がないというのもおかしいでしょう？」

そう言って、與那城さんはこちらにすっと目を投げかけた。

唄に乗せて
島の言葉を今に残す

「おばあになるまで唄えれば、それだけでいい」と考えていた（そして今も考えている）與那城さん。2013年に「ほんの記念に」と初めてリリースしたCD『宮古島を唄う』が思わぬ転機を呼び込んだ。

ラジオやクチコミを通じて徐々に人気に火が付き、なかでも幻の古謡『白鳥ぬアーグ』は、県外の音楽家が強い関心を寄せるほどのインパクトを残した。以来ライブの依頼が増え、ついに唄を生業とする道を決意。そして現在にいたる。

與那城さんが古謡を唄うのには、日常で失われつつある島の言葉を残したいという理由もある。だが「頭よりも感覚を大切にして聴いてほしいから」と、殊更にその思いを聴き手に押し付けはしない。

彼女は自らの唄う行為を"種まき"と表現した。芽吹くか否かは自分だけで決められるものではない。それを知ってなお、彼女は今日も宮古民謡を唄い続ける。

島唄居酒屋 喜山（→ P.75）

與那城さんを中心とした4人組ユニット「Tinbow」でのパフォーマンスも

タイプ別、おすすめルートをご紹介

宮古島の巡り方
Recommended Routes

珊瑚礁の海に囲まれた島々に、見どころが点在する宮古諸島。

市街地でアクティブに遊ぶか、リゾートでのんびり過ごすか、

はたまた島巡りを楽しむか……。ベストルートをご紹介。

タイプ別モデルプラン ①

アクティブに宮古島を遊ぶ！ 2泊3日
ドライブで宮古島満喫プラン

宮古随一の繁華街、平良に宿泊し、アクティビティと絶景、そしてグルメを満喫。
夜は平良市街の人気店で島の味覚を楽しもう。

1日目 宮古空港到着後、レンタカーで南へ
総距離 36km

1. 11:00 東平安名崎で絶景を
2. 12:00 宮古そばのランチ
3. 13:30 橋を渡って来間島へ
4. 15:00 熱帯の植物を観察
5. 19:00 夕食は沖縄料理

ボリューム満点！

2日目 八重干瀬スノーケリング 北部の絶景巡り
総距離 43km

6. 9:30 八重干瀬へ出発
7. 15:00 雪塩ミュージアムへ
8. 16:00 西平安名崎の絶景
9. 17:30 トゥリバービーチで夕日観賞
10. 19:00 民謡居酒屋へ

さっぱり雪塩ソフト

3日目 神秘の池を見て カツオ丼に舌鼓
総距離 50km

11. 9:30 青く輝く通り池へ
12. 10:30 絶景！17エンドへ
13. 12:30 カツオ丼のランチ
14. 14:00 宮古の食材を見る
15. 15:30 最後はマンゴースイーツ

おみやげにいかが？

1日目

11:00 車で20分 → **12:00** 車で20分 →

1 宮古島最東端の東平安名崎の絶景を望む
リーフの発達した美しい海に2kmにわたって続く岬。先端の灯台には上ることができ、展望台からの景色も美しい。→ P.37

「日本都市公園百選」に選ばれている

2 一食めは昔ながらのスタイルの宮古そば
麺の下に具が隠れている昔ながらの宮古そばが味わえる「丸吉食堂」へ。ボリュームたっぷりのソーキそばも人気。→ P.63

だしの利いた絶品宮古そば

2日目

9:30 車で10分 → **15:00** 車で5分 →

6 池間島の北に広がる日本最大級の珊瑚礁群へ
大小120もの珊瑚礁が集まる八重干瀬。スノーケリングで海中をのぞけば、色とりどりのサンゴや魚が。→ P.38

ほぼすべてのサンゴに名前がついているそう

7 雪塩を練り込んだソフトクリームは必食
宮古島の海水で作った雪塩。ミネラルを含んだ塩は調味料としてだけでなく、スイーツや美容製品にも。→ P.58

雪塩製品がずらりと並ぶ

3日目

9:30 車で10分 → **10:30** 車で20分 →

11 伊良部大橋を渡り、数々の伝説がある池へ
伊良部島の西の下地島にある通り池。青い水をたたえるふたつの池は海中でつながっている。→ P.89

悲しい伝説の残る池だ

12 下地島きっての景勝地 17エンドでブルーに染まる
下地島空港の滑走路北端にある17エンドは宮古島で最も有名な絶景のひとつ。駐車場に車を停めて、散策を楽しもう。→ P.36

クリスタルブルーに輝く海に感動！

プランニングのコツ
平良市街地のホテルの選び方
どこにでも歩いて行ける平良市街地のホテルは便利だが、シンプルなビジネスホテルが多い。郊外には雰囲気のよいホテルもあるので、目的に応じて選んで。

巡り方 ▶ タイプ別モデルプラン ▶ ドライブで宮古島満喫プラン

→ **13:30** 車で20分 → **15:00** 車で7分 → **19:00**

3 来間大橋を渡ってのどかな来間島へ
宮古島南部と来間島を結ぶ1690mの来間大橋を渡ってサトウキビ揺れる来間島へ。竜宮城展望台から島を一望。→ P.103

眼下にさっき渡ってきた橋も

4 カートに乗り込んで熱帯果樹園を探検
ヤシやバナナ、パイナップルなどが茂る「まいぱり 宮古島熱帯果樹園」へ。園内を見学後はカフェでスムージーを。→ P.59

ガイドの解説を聞きながら園内を探検

5 ディナーは平良市街地でおいしい沖縄料理に舌鼓！
「うまいもの酒場 芳野商店」は沖縄料理をはじめ家庭料理が味わえる人気の居酒屋。予約して訪れて。→ P.66

近海で取れたマグロやモズクを満喫！

→ **16:00** 車で30分 → **17:30** 車で10分 → **19:00**

8 風車が低く唸る宮古島北部のシンボル
宮古島の北西端にある西平安名崎。東平安名崎と比べるとなだらかで優しい雰囲気。近くには宮古馬の放牧場も。→ P.101

高さ45mの風車が回る

9 市街地近くのビーチでサンセット観賞
「トゥリバービーチ」は夕日の観賞スポット。伊良部島と伊良部大橋の向こうに沈む美しい夕日が見られるかも。→ P.45

地元の人も散歩に訪れるビーチ

10 沖縄料理と泡盛を片手に民謡ライブで盛り上がる！
平良市街地に点在する民謡居酒屋へ。食事をしながら唄者の島唄を聴いたら最後はみんなで歌い踊る！→ P.74

みんなで輪になってカチャーシー！

→ **12:30** 車で30分 → **14:00** 車で5分 → **15:30**

13 漁師町佐良浜漁港でカツオ丼の絶品ランチ
県内のカツオの水揚げの8割を誇る佐良浜。「おーばんまい食堂」は漁協直営だから新鮮そのもの。→ P.65

新鮮魚介で幸せランチ♪

14 地元の野菜が並ぶ市場でユニークなおみやげ探し
「あたらす市場」には島の野菜や果物のほか、さまざまな加工品が揃う。調味料やお菓子はおみやげにもぴったり。→ P.76

見たことのない野菜が並ぶ！

15 出発までは農園直営カフェで癒やしのマンゴースイーツを
「Blue Turtle Farm & Mango Cafe」は、農園直送のマンゴースイーツが自慢。店内にはフォトスポットも。→ P.70

とろけるマンゴースイーツにうっとり♪

27

タイプ別モデルプラン 2

リゾート滞在でファミリーにもおすすめ

南部リゾートでのんびりプラン

2泊3日

宮古島南部には広大な敷地に8つのホテルや30以上のレストランをもつシギラセブンマイルズリゾートがある。リゾートライフを満喫しつつ、のんびり島風情を満喫。

1日目 宮古空港到着後、まずは北部を探検
総距離 52km

1. 11:00 海中世界をのぞいてみる
2. 12:00 ガーリックシュリンプのランチ
3. 14:00 ハートを見に行く
4. 15:30 ホテルにチェックイン
5. 18:00 沖縄料理のディナー

ガーリックシュリンプのランチ♪

2日目 鍾乳洞探検のあとは、美景ビーチでのんびり
総距離 34km

6. 8:30 鍾乳洞を探検
7. 12:00 琉球ガラス作り
8. 14:00 かき氷で休憩
9. 15:00 静かなビーチで昼寝
10. 16:00 温泉でリラックス

安全運転で行くのだよ

3日目 のんびり池間島ドライブとカルチャー体験
総距離 34km

11. 9:00 ホテル前でスノーケリング
12. 11:30 来間島を散策
13. 12:00 食堂でランチ
14. 14:00 三線 or カチャーシー体験
15. 16:00 おみやげ探し

楽しく踊りましょう♪

1日目

11:00 → 車で15分 → **12:00** → 車で13分 →

1 海底に設けられた展望室で気軽に海中世界を体験
24個のアクリルパネルが設置された海底の展望室から海中世界をのぞいてみて。「宮古島海中公園」→ P.58

小さな子供も大喜び間違いなし

2 西平安名崎にあるシュリンプワゴンでランチ
西平安名崎の手前にある「HARRY'S Shrimp Truck」へ。海を見晴らすテーブル席や芝生で召し上がれ。→ P.70

泡盛を使ったソースが決め手!

2日目

8:30 → 車で15分 → **12:00** → 車で20分 →

6 パワースポットとしても名高いパンプキンホールへ
保良泉ビーチパークにある鍾乳洞にはカボチャそっくりの岩が。カヤックに乗って探検してみよう。→ P.40

自然にこんな形になったなんて不思議!

7 琉球ガラス工房でオリジナルグラスを作る
「ガラス工房PONTE」でオリジナル琉球グラス作り。色や形を決めたら、熱いガラスを吹いて形作り!→ P.53

好きな色や形のグラスが作れる

3日目

9:00 → 車で20分 → **11:30** → 車で15分 →

11 チェックアウトまでホテル前でスノーケリング
「シギラセブンマイルズリゾート」すぐ前のビーチもスノーケリングに最適。朝からビーチに出られるのはリゾートの特権。

朝一なら静かな海をひとり占め

12 サトウキビの揺れるのどかな来間島へ
ホテルをチェックアウト後、来間大橋を渡って来間島へ。島の大半が農地というのどかな島をのんびりドライブ。

対岸は美しいと評判の与那覇前浜ビーチ

プランニングのコツ

リゾート滞在でもレンタカーは必須

公共交通機関の少ない宮古島では、リゾート滞在でも島内観光を予定しているならば、レンタカーは必須。空港で手続きしてしまうのが便利だ。

→ **14:00**　車で50分

3 自然が作ったハートへ 幸せ祈願に行く

岩にぽっかり開いた穴がハート形なことから、良縁祈願のパワースポットとして人気に。干潮のときに訪れよう。→ P.101

自然が作ったきれいなハート

→ **15:30**

4 車を南に走らせ シギラリゾートへ

広大な敷地に8つのホテルが立つ「シギラセブンマイルズリゾート」へ。スタイルに応じてホテルを選ぼう。→ P.78

カジュアルから高級ホテルまで多彩

→ **18:00**

5 ディナーは沖縄料理を 気軽に屋台スタイルで

リゾートには30以上のレストランがある。本日は、キャッシュオンスタイルで気軽に沖縄料理が味わえる琉球屋台村で。

オリオンビールと沖縄料理で乾杯！

→ **14:00**　車で10分

8 隠れ家カフェで 至福のかき氷タイム

カラフルなうずまきそばを製造販売する「ぐるぐるめんや」はかき氷も絶品。ふわふわのかき氷でひと休み。→ P.73

黒糖の優しい甘さがうれしい

→ **15:00**　車で5分

9 天然の入江が作った 静かなビーチで午睡を楽しむ

入江に囲まれた穏やかな「イムギャーマリンガーデン」はスノーケリングに最適。穏やかなのでファミリーにも◎。→ P.44

透明度が高いのは湧き水のおかげとか

→ **16:00**

10 シギラ黄金温泉で 1日の疲れを癒やす

シギラリゾート内にある日帰り温泉施設。地下1250mからくみ上げた源泉は琥珀色。のんびりとくつろごう。→ P.81

緑に包まれたリラックス空間

→ **12:00**　車で10分

13 おばあの味を受け継いだ 島とうふがしみじみおいしい

ランチは「島とうふ 春おばぁ食堂」へ。ふわふわの自家製のゆし豆腐や宮古そばが味わえる。→ P.64

宮古そばやじゅーしーが付いた春おばぁ定食

→ **14:00**　車で10分

14 あの曲が弾いてみたい！ ちょこっと三線体験

旅の間あちこちで耳にした三線の音色に自分も弾いてみたくなった頃？三線体験やカチャーシーを気軽に体験。→ P.55

思ったよりも難しいけど楽しい！

→ **16:00**

15 島の駅みやこで おみやげ探し

最後は「島の駅みやこ」でおみやげゲット。お菓子や調味料、Tシャツなど豊富なアイテムが揃う。→ P.98

バラマキみやげもここで調達

巡り方 ▶ タイプ別モデルプラン ▶ 南部リゾートでのんびりプラン

タイプ別モデルプラン 3

下地島にも足を延ばす
バスを使って島巡り
【2泊3日】

宮古島の見どころを公共交通機関と自転車で周る、アクティブ派にぴったりのプラン。

1日目 宮古空港到着後 平良市街地で遊ぶ
1. 12:00 バスで平良へ
2. 13:00 ランチは宮古牛！
3. 14:00 パイナガマビーチへ
4. 17:00 平良でおみやげ探し
5. 19:00 民謡酒場で盛り上がる

沖縄料理も味わって！

2日目 伊良部・下地島に渡り絶景サイクリング
6. 10:00 バスで下地島空港へ
7. 11:00 自転車で17エンドへ
8. 12:30 絶景カフェでランチ
9. 14:30 下地島空港でお買い物
10. 18:00 平良の居酒屋へ

17エンドブルーゼリー♪

3日目 来間大橋を歩いて渡り島のカフェでひと休み
11. 9:00 与那覇前浜へ
12. 11:00 来間大橋を渡る
13. 12:00 タコ公園へ
14. 13:00 かき氷でひと休み
15. 15:00 バスで空港へ

おみやげにうずまきパン！

1日目 12:00 →バスで20分→ 13:00 →徒歩15分→

1 宮古空港到着後 まずはホテルへ
まずはホテルにチェックインし荷物を置こう。レンタカーがない場合、飲食店が多くバスも多い平良拠点がおすすめる。

空港から平良市街地までは20分ほど

2 ランチは宮古牛の絶品ハンバーガー♪
身軽になったら腹ごしらえ。「Bocca burger」で宮古牛を使った絶品ハンバーガーをほお張ろう。 → P.69

肉汁あふれるジューシーなパテ！

2日目 10:00 →バスで30分→ 11:00 →自転車で20分→

6 バスに乗って下地島空港へ
下地島空港まではバスで30分ほど。真っ青な海に架かる伊良部大橋を渡る絶景ドライブを楽しんで。

左右に海が広がる伊良部大橋

7 自転車を借りて17エンドまでサイクリング
下地島空港で自転車を借りてサイクリングへ出発。17エンドに到着したら反時計回りに巡ってみよう。 → P.61

自動車の通れない道を爽快サイクリング

3日目 9:00 →徒歩40分→ 11:00 →徒歩10分→

11 東洋一美しいといわれる与那覇前浜へ
バスで与那覇前浜へ。真っ白なビーチと青い海のコントラストが美しい。来間島をバックに記念撮影。 → P.44

宮古島でも一、二を争う美しさ

12 全長1690mの橋を渡って海の向こうの来間島へ
先ほどビーチから見ていた橋を歩いて渡ろう。両脇に真っ青な海を眺めながらのんびり歩くこと40分。来間島に到着。

夢のような美しい光景が広がる

巡り方 タイプ別モデルプラン ▶ バスを使って島巡り

プランニングのコツ

バスの移動は時間に注意

バスは本数が少ないので注意。空港発着のバスは基本的に飛行機に合わせて運行する。その他のバスはホームページなどで最新の時刻表を確認して。

→ **14:00** 　徒歩20分 🚶 → **17:00** 　徒歩15分 🚶 → **19:00**

3 パイナガマビーチでのんびり海遊び
パイナガマビーチは市街地からいちばん近いビーチ。海で泳ぐもよし、ビーチでのんびりするもよし。

シャワー完備なのもうれしい

4 平良のおしゃれショップでおみやげ探し
「soramoyo」、「デザインマッチ」など、雑貨やTシャツが揃う店でおみやげ探し。
→ P.98

かわいい雑貨やTシャツがずらり！

5 夜は民謡酒場で大いに盛り上がる！
平良には民謡居酒屋が多い。ライブの最後は、全員で歌って踊って大盛り上がり！ → P.74

人気店は予約必須。早めに予約しておこう

→ **12:30** 　自転車で30分 🚲 → **14:30** 　バスで30分 🚌 → **18:00**

8 美景ビーチとして知られる渡口の浜を望むカフェへ
渡口の浜に面して立つカフェ「Blue Turtle」でランチタイム。青い海の眺めに疲れも吹き飛ぶ。→ P.71

フレッシュフルーツのスムージーも美味♪

9 下地島空港のショップでオリジナルアイテムをゲット
下地島空港で自転車を返したら空港内のショップへ。下地島空港限定アイテムも要チェック！ → P.61

下地島空港はリゾートホテルのような空間

10 平良の人気居酒屋で島の味覚をたらふく味わう
地元の人にも人気の「ツマンデ呑めるみやこパーラー ハイサイ！」へ。新感覚の沖縄料理が美味。→ P.67

伝統的な沖縄料理をアレンジした料理

→ **12:00** 　徒歩20分 🚶 → **13:00** 　バスで30分 🚌 → **15:00**

13 森の遊歩道を歩き真っ赤なタコのオブジェを見る
来間島にはユニークな展望台が多い。タコ公園もそのひとつ。公園脇の遊歩道を下るときれいなビーチも。

その名のとおりタコのモニュメントがある

14 島の果物をたっぷり使ったフォトジェニックなかき氷
「果き氷 海莉」は旬の果物を贅沢に使ったかき氷専門店。冷た〜いかき氷でクールダウン！ → P.72

宮古島メロンを使ったかき氷は季節限定

15 バスで空港へ向かい出発までのんびり過ごす
バスで宮古空港へ到着。荷物を預けたら空港で最後のお買い物。お菓子や雑貨、宮古そばやうずきパンも手に入る。

荷物になるおみやげは空港で手に入れて

31

宮古島人インタビュー 2
Islanders' Interview

MIYAKONCHU

さまざまな角度から
やちむんの魅力を発信！

工房に大小の作品が並ぶ。カラカラなど沖縄ならではの酒器も充実

金城陶芸
金城 直敏さん
（きんじょう なおとし）

白土にコバルト釉とアメ釉で色付けした這いシーサー

300年以上の伝統をもつ壺屋焼を宮古島に広める

「宮古島壺屋焼」を掲げる金城陶芸の工房は、宮古島中央部の県道246号から入った路地にたたずむ。迎えてくれたのは2代目の金城直敏さん。金城陶芸は初代の敏信さんが1985年に宮古島に開いた新しい窯元だ。

「父は那覇市の壺屋で代々続く金城一門の人間です。それが約40年前に、母のルーツがある宮古島に惚れ込んで移住したんです」

宮古島の土壌は陶芸に向かない琉球石灰岩。そのため宮古島には陶芸の窯元がなく、金城陶芸は島の新しい工芸品として歓迎された。「沖縄本島の赤土を使ったシーサーや、金城一門の代名詞ともいえる魚文、デザイン性の高い牡丹文の線彫りなど壺屋焼の技術を用いた作品が特徴です」と直敏さん。

「沖縄が誇るやちむん（焼き物）の文化を宮古島に広めたい」という情熱で作品を作り続ける初代の敏信さんは、下地島空港やホテルなど島内にいくつもの作品が飾られ、宮古島を代表する工芸作家として認知されている。

伝統工芸の再評価を目指す次世代のアイデアマン

一方で、金城陶芸の新たな道を切り開いているのが直敏さん。内地でミュージシャンやデザイナーとして活躍したのちUターンした。

「いろいろな視点でやちむんに触れてもらいたい」と話す直敏さんは、2023年に工房の隣に焼き物をコンセプトにした一棟貸しの宿「てぃぐまの宿」をオープン。

「伝統工芸品をインテリアに使った宿があったら泊まりたい、と思ったのが最初です。そこから建築業の仲間と一緒に理想の形に近づけていきました」

民泊スタイルの「てぃぐまの宿」は、食器はもちろん花瓶や照明、洗面ボウルなどにも金城陶芸の陶器を使っている。モダンデザインの宿に伝統工芸のインテリアというギャップはクチコミの評価もよく、国内外からゲストが訪れる。

「宿泊客の7～8割は工房にも寄ってくれるので、金城陶芸のプロモーションにもなっています」と直敏さんは笑う。

新たな発想でやちむんの認知度を広げている直敏さん。

「まだまだ修業中の身ですから、焼き物作りの時間は絶対に減らせません」と話す。豊富なアイデアと、焼き物に対する真摯な姿勢……。金城陶芸の未来が楽しみだ。

「てぃぐまの宿」の2階は、壁を陶器の魚が泳ぐアーティスティックなデザイン

金城陶芸　MAP P.102A1　住 宮古島市下地川満803-1　電 0980-76-6694　時 10:00～12:00, 14:00～17:00
休 不定休　カード 可　URL kinjotougei.com

さて、島にきて何をしましょうか？

宮古島の遊び方
How to Enjoy

無数の珊瑚礁が群生する八重千瀬に、神秘的な青の洞窟……

壮大なスケールに圧倒されるマリンアクティビティや

島の人々との触れ合いも楽しいカルチャー体験をご紹介。

✶宮古ブルーに染まりたい！✶

癒やしの絶景めぐり

透明度が高く、太陽の光によってさまざまな色に輝く宮古島の海。
宮古ブルーと称される、
美しい海が見せる多彩な表情を見つけに出かけよう。

約7kmにわたって続く
まばゆいほどの白砂ビーチ

与那覇前浜 MAP P.102A2
よなはまえはま

「東洋一の美しさ」といわれるビーチ。エメラルドグリーンの水をたたえた美しい海の向こうには、来間大橋が架かり、フォトジェニック。
🚗 宮古空港から車で30分　🅿 あり

遊び方

癒やしの絶景めぐり

来間大橋 MAP P.102A2
くりまおおはし

与那覇前浜から見える橋。全長1690mで、大型漁船が通過できるように一部が高くなっている。来間大橋を見るなら来間島の竜宮城展望台がおすすめ。

🚗 宮古空港から来間大橋の宮古島側まで車で12分

> 東洋一の海に架かる来間島と宮古島を結ぶ橋

> 海面を這うように延びる全長1425mの海の道路

池間大橋 MAP 折り込み⑥B2
いけまおおはし

宮古島の北部に浮かぶ池間島との間に1985年に架けられた橋。橋の近くには巨大な珊瑚礁群、八重干瀬がある。日が差すと、ため息の出るようなクリアブルーの海が広がる。

🚗 宮古空港から池間大橋の宮古島側まで車で30分

35

17エンド
わんせぶんえんど

下地島空港の北側にある美景スポット。駐車場から滑走路先端の海側まで徒歩15分ほど。左手に広がるビーチはさわやかなクリアブルー。飛行機の離発着時は、手の届きそうな距離に飛行機が見える。交 下地島空港から車で5分 駐車場 あり

> 白砂のビーチと海を眺めながら滑走路沿いをおさんぽ

タイミングが合えば間近に離着陸する飛行機が。時間を調べて訪れよう

遊び方

癒やしの絶景めぐり

青と緑が織りなす
コントラストに感動

東平安名崎 MAP 折り込み③C2
ひがしへんなざき

宮古島の南東に約2kmにわたって延びる岬。やわらかな緑に覆われた岬の両サイドにはコバルトブルーの海が広がる。途中の駐車場に車を停めて、岬の先端にある灯台までは、徒歩10分ほど。海風を感じながら歩こう。
交 宮古空港から車で30分　駐車場 あり

岬の先端に立つ灯台。
97段の階段を上った先には大パノラマが！

最高のポイントに
ご案内します♪

池間島ダイビングサービス
上地 和典さん 裕子さん

北部

100以上もの
珊瑚礁が点在する美しい海へ

八重干瀬スノーケリングツアー

池間島の沖、周囲25kmほどに珊瑚礁が点在する八重干瀬（やびじ）。
カラフルな熱帯魚が遊ぶ華やかな海中世界を、スノーケリングで探検！

総面積は宮古島のおよそ1/3！
池間島沖の広大なサンゴの群落

「宮古ブルー」、「池間ブルー」と呼ばれる青く澄んだ海に群生する珊瑚礁群、八重干瀬。大きな8つのサンゴと、大小合わせて100以上のサンゴからなる、日本最大の卓上

大潮の干潮時には海上に珊瑚礁が出現する

の珊瑚礁群はカクレクマノミやスズメダイ、ウミガメなどの多様な生き物の生活の場となっており、2013年には国の史跡名勝天然記念物に指定された。

八重干瀬は沖合にあるので、訪れるにはツアーに参加して。各地の港からのツアーがあるが池間港発着が乗船時間が少なく、船が苦手な人にもおすすめ。乗船中に、スノーケリングの方法や安全に関するレクチャーがあるのでしっかり聞いておこう。

八重干瀬に到着したらいざ、海へ。マスク越しにのぞいた海中はまさに竜宮城の世界。手の届きそうなほど近くにカラフルな熱帯魚たちが遊ぶ、サンゴの楽園だ。

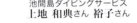

もっと知りたい！
八重干瀬のサンゴには
名前がついている！

八重干瀬の名称の由来はサンゴが幾重にも重なっているから、8つの珊瑚礁群があるから、など諸説ある。また、八重干瀬を構成する珊瑚礁群にはカナマラ（頭）、イフ（胃）、イラウツ（ブダイ）など宮古の言葉で名前がつけられている。古から人々に大切にされてきた証だ。

名前の数はなんと130にもなるという

池間島ダイビングサービス **MAP** 折り込み⑥B2 **所要** 9:00〜14:30（約5時間30分）
交 池間漁港集合 **休** 荒天時 **料** 1万5000円（スノーケリング機材一式、ウエットスーツ、ランチ、ドリンク、保険料）＋美ら島協力金500円 **駐車場** あり **予約** 必要
電 090-3790-3015 **URL** https://ikemajima-ds.jp/

voice 八重干瀬のことを知り尽くしている池間島ダイビングサービスの船長。その日のコンディションで、最高の場所に案内してくれる。4歳から参加できるが、中・上級者も十分満足できるレベルだ。泳ぎが不安な人は、予約時に相談してみよう。

遊び方 ▶ 海体験 ▶ 八重干瀬スノーケリングツアー

スケジュール
所要時間 5時間30分　体力レベル

9:00 池間漁港集合
水着の上にぬれてもいいTシャツなどを着て集合。ウエットスーツに着替えて船に乗り込む。

スキューバ・ダイビングのグループとの混載だ

ボートで30分

9:30 最初のポイントに到着
ボートに乗り込んだらポイントまでのんびり過ごす。海からの風が心地いい！

帽子やサングラスで紫外線対策を

9:35 装備を調えて、いざ海へ
マスク、スノーケル、フィンの3点セットを装着したら、いよいよ海へ。泳ぎが不安ならライフジャケットを借りよう。

海の色がすごくキレイ！

水面でガイドと集合

11:00 次のスノーケリングポイントへ
ひとつのポイントでのスノーケリング時間がたっぷり45分。ガイドがロープを持っているので不安ならそれにつかまって泳ごう。

スノーケリング45分

プカプカ浮いてのんびりリラックス

ボートで30分

12:30 3本目は癒やしのポイント
ランチタイムを挟んだあと、その日の海のコンディションとゲストの希望を考慮してポイントへ移動。疲れていたら船で休んでももちろんOK。

まさに竜宮城のような美しさ

イソギンチャクから顔を出すカクレクマノミ

八重干瀬を守る5つのルール

八重干瀬では珊瑚の保護のために、5つのルールを設けている。特に、日焼け止めを選ぶ際は有害物質が入っているものを使わない、海での餌づけはしないなどは、一般の旅行者も守りたいところ。いつまでも美しい海を残すため、これらのルールを守って楽しもう。

1. サンゴに触れない、サンゴの上に立たない
2. ウエットスーツ、ライフジャケットを着用する
3. サンゴに優しい日焼け止めを選ぶ
4. 水中生物にストレスを与えない
5. 浅い珊瑚礁域でのロングフィンの使用は避ける

＜美ら海協力金って？＞
美ら海連絡協議会が主体となり、宮古島周辺の海洋環境の保全などのため、ダイビングやスノーケリング参加者から1日500円の協力金を募っている。業者を選ぶときは、美ら海連絡協議会加盟のショップを選びたい。

 スノーケリング時間はたっぷり35～45分ある。天候や水温によっては体が冷えてしまうことも。乗船の際には、ウォータープルーフバッグにバスタオルと羽織物を入れておくといい。船上では温かいお茶のサービスもある。

リーフに守られた穏やかなビーチ

干満の見極めが重要です！

初めてでも安心

南部
美しい鍾乳洞の成り立ちも学べる

カヤックで行く！
鍾乳洞探検隊

アイランド・ワークス
石井 将弘さん

シーカヤックを漕いで、目指すは龍神様がいらっしゃるという神聖な洞窟。30年前までは入ることさえできなかった鍾乳洞は島随一のパワースポット！

巨大なカボチャに迎えられ神秘の鍾乳洞に潜入する

南部の保良泉（ぼらがー）ビーチからシーカヤックに乗って20分ほど南下すると小さな洞窟の入口が見えてくる。ここは30年前までは龍神様のすみかとして、ユタしか入ることが許されなかった御嶽だ。崖の上に祠があるので、洞窟に入るときと出るときには手を合わせて感謝の気持ちを伝えよう。

洞窟の入口でカヤックを下り、泳いで穴の中へ。目の前に鎮座するのは巨大なカボチャのような鍾乳石。鍾乳石は100年で1cmしか伸びないと聞いて驚きだ。足下には棚田のようなリムストーンが連なり、石灰岩が丸まったケイブボールも見られる。最後は巨大カボチャの上からジャンプで海へ！

もっと知りたい！
リーフを歩いて鍾乳洞へ

潮が引いたときだけ鍾乳洞へのウオーキングツアーが開催される。ゴツゴツした岩の上をバランスを取りながら歩くのは意外と大変!? がんばって25分ほど歩いたあとは、冷んやりとした洞窟で涼んで。干潮時のリーフでは、水たまりでカラフルな魚が泳いでいることも。

干潮のときは歩いて鍾乳洞へ行ける

スケジュール
所要時間 約2時間30分　体力レベル

11:30 集合したらまずは着替え
徒歩1分
更衣室で着替えたら、スタッフから注意事項などのレクチャーを受ける。マリンシューズやラッシュガードなどレンタル用品のサイズも確認を。

水分補給や日焼け対策も必須！

12:15 砂浜からカヤックで出発
カヤック30分
水際までカヤックを持っていってお尻から乗り込む。2人乗りの場合は前の人が舵、後ろの人が漕ぐので力があるほうが後ろに乗るとよい。

バランスをとって真っすぐ！

12:45 鍾乳洞へは泳いで入る
泳いですぐ
洞窟の入口にカヤックをつないで、泳いで中へ。淡い光に包まれた洞窟は神秘的。神聖な御嶽なので、入る前に手を合わせて感謝を伝えよう。

洞窟の入口から素早く中へ入る

12:50 神秘の鍾乳洞を探検
徒歩50分
入口にそびえるカボチャのような鍾乳石をはじめ、石柱や石筍が連なる鍾乳洞を見学。洞内には石灰質の土壌にろ過された真水が流れている。

はしごを上って洞窟内に潜入

13:40 カヤックを漕いでビーチへ
洞窟を出たら龍神様にごあいさつ。浅いリーフの上でカヤックに乗って、保良泉ビーチへ戻る。コツがつかめているので、行きよりも楽々。

帰りは周りの景色を見る余裕も

アイランド・ワークス　MAP 折り込み③B2　所要 約3時間30分　交 保良泉ビーチ・パーク集合　住 宮古島市城辺字保良1139-1　電 (0980)77-7577　時 潮の干満によるため要問い合わせ　休 不定休　料 7000円（ライフジャケット、シャワー・トイレ・更衣室使用料、保険料含む）　駐車場 あり　予約 前日20:00までに必要　営 9:00～20:00　URL www.uminooto.com

voice 保良泉の鍾乳洞は入口がとても小さく、知らないと見過ごしてしまいそう。江戸時代には潜伏キリシタンが隠れ家として利用していたという説もある。

遊び方

海体験 ▼ カヤックで行く！鍾乳洞探検隊／青の洞窟＆神秘の洞窟スペシャルツアー

カクレクマノミをみつけてね♪

光が差し込んでキレイ！

伊良部の秘境にご案内します

伊良部島

神秘のベールに包まれた洞窟探検に出発！

青の洞窟＆神秘の洞窟スペシャルツアー

伊志嶺 太基さん（ゆうむつ）

伊良部島北部に点在する洞窟の数々。険しい断崖と波に阻まれ陸上から訪れるのは難しいこの場所に、青く輝く洞窟がある。

神秘の洞窟を求めていざ伊良部島秘境の旅へ

伊良部島の北側に青の洞窟と呼ばれる場所がある。陸からのエントリーは難しいので、ツアーで訪れるのがおすすめだ。佐良浜漁港からボートで約5分。洞窟の入口に到着したら、スノーケリングセットを身につけ、泳いで洞窟内へ。水中ライトをつけると神秘的に輝く青に包まれる。周囲に泳ぐ無数の小さな魚は、夜行性の琉球ハタンポ。奥に進むとアカマツカサの大群が出迎える。青の洞窟を満喫したら、カヤックに乗り換え周囲に点在する洞窟群へ。自然が作り上げた仏像が鎮座する竹越の仏や、落石岩が行く手を阻む黄金守、湧き水が天然のプールを作り出す大龍門などがある。

ラッシュガードをはじめ必要な器材はすべて揃うので水着のみで参加OK

もっと知りたい！
青の洞窟はいつ行くのがベスト？
海が荒れない限り基本的に1年中訪れることが可能だが、冬場は水温が下がり太陽の光も弱いので気持ちよく泳ぐにはやはり5〜10月あたりがベター。7〜8月なら太陽光が強く、よりクリアな青色が楽しめる。

スケジュール
所要時間 約4時間30分　体力レベル

8:30 軽装でボートに乗り込む
ショップで受付を済ませ、軽装に。ラッシュガードも無料でレンタルできるので日焼けが気になる人は着用しよう。
ボートで5分

足もとはビーサンかマリンシューズで

9:00 ボートで洞窟の入口へ
移動中に、スノーケリングの仕方をレクチャー。洞窟内の注意事項などもしっかり聞いておこう。準備ができたら、洞窟へ。
ボートで5分

広々とした船だから準備もラクラク

9:20 コーラルポイントでスノーケリング
色とりどりのサンゴが密集するとっておきのポイントでスノーケリング。カクレクマノミがサンゴの間を遊ぶ姿が見られるかも！
ボートで30分

バブルリングを作って遊ぼう

10:30 カヤックに乗り換え別の洞窟へ
青の洞窟のあとは、船長がとっておきのスポットへご案内。カヤックに乗り換えて自然が作った驚きの洞窟へ向かう。
カヤックで20分

エメラルドグリーンの海を進む

11:30 龍神がすまうという洞窟へ
最後は地下水が湧き出す大龍門へ。内部は湧き水がたまり透明度の高い天然のプールになっている。ひんやり冷たい水を楽しもう。

ぷかぷか浮いて癒やされる〜

伊良部島観光ガイドゆうむつ　MAP 折り込み④B1　所要 約4時間30分
交 宮古空港から車で約30分　住 宮古島市伊良部字池間添47
電 090-4519-6998　時 8:30か13:00スタート（潮回りにより変動）　休 不定休
料 1万4800円（器材一式、飲み物含む。小学生以下1万3800円）　駐車場 あり
予約 前日までに必要　URL https://yuumutsu.com/

　「ゆうむつ」では時間がない人のために青の洞窟だけを訪れるショートツアーやとっておきのサンゴポイントでスノーケリングができるコーラルポイントスノーケルツアーも開催。ホームページで詳細を確認してみて。

41

波がとっても穏やか

ウミガメを見つけましょー！

みつけに来てね！

南部
のんびり泳ぐ ウミガメに会いに行こう！
シギラビーチ シュノーケルツアー

天然のプールのような穏やかな入江はお魚天国

　宮古島の南岸にあるシギラビーチはビーチ全体が入江になっており、さながら天然のプール。水深は平均2～3mと浅いところが多く、最も深いところでも5mほど。太陽の光の届く明るい海のなかでは、サンゴが元気に育ち、熱帯魚が泳ぐカラフルな海中世界が広がっている。このビーチの人気の理由のひとつが、ウミガメに高確率で会えること。湾内にウミガメの餌場があり、タイミングが合えば、それを食べにくるウミガメと泳ぐことができるのだ。シギラビーチは誰でも入れるので個人でも行くことはできるが、ウミガメを探し回るのはなかなか大変。ツアーに参加すれば比較的簡単にウミガメに会うことができる。まずはカヤックに乗ってポイントまで移動。到着後、スノーケリングをしながらウミガメを探す。カクレクマノミやチョウチョウウオ等の熱帯魚も見られる。

もっと知りたい！
時間帯はいつがいい？
満潮時は外洋から海水が流れ込んでくるため、透明度が高くなるが、やや流れが早くなるため体力がある人向け。干潮時は波が穏やかで浅瀬で遊ぶのにぴったりだが、サンゴや岩が露出するので、ラッシュガードやマリンブーツを着用しよう。

浅瀬が多いので子供でも安心

スケジュール
所要時間 約1時間30分 **体力レベル**

10:30 まずは受付用紙に記入
15分前までに水着に着替えてシギラビーチハウスへ集合。受付をしたら、同意書の記入や注意事項などの説明を受ける。
徒歩1分

ギアの使い方も教わろう

10:40 ビーチでレクチャー
ビーチに移動して、カヤックの漕ぎ方を教わる。基本的な動作に加えてぶつかりそうなときの回避法なども聞いておこう。
カヤックで10分
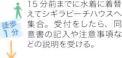

ていねいに教えてくれる

10:50 カヤックに乗っていざ出発
目的地まではカヤックで向かう。最初はぎこちないけれど、すぐに上達するから大丈夫。ポイントに到着したらスノーケリングのスタート。
泳いですぐ
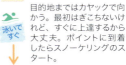
波が穏やかでスイスイ進む

11:10 ウミガメと遭遇！
スノーケリング開始後すぐにウミガメを発見！のんびり海藻を食べるウミガメの姿がかわいい。息つぎに水面に上がるときがシャッターチャンス。

マイペースに泳ぐウミガメ

11:30 まったりスノーケリングタイム
ウミガメとお別れしたあとはのんびりスノーケリングタイム。色とりどりのサンゴやカクレクマノミなどの熱帯魚が遊ぶ華やかな海中世界を満喫しよう。

最後はカヤックでビーチへ

シギラビーチ センタービーチハウス
MAP 折り込み②B2　所要 1時間30分　交 宮古空港から車で約20分
住 宮古島市上野新里1405-214（シギラビーチ内）　営 10:30～15:00～
電 (0980)74-7206　休 荒天時　料 6600円（7、8月は7700円）
予約 必要　駐車場 あり

スノーケルツアーはシギラリゾートの宿泊者でなくても参加できる。ツアー参加は3歳からOK。このツアーは子供でも参加できる初心者向けなので、もう少し泳ぎたい人はボートで行くツアーなどに参加するといい。

遊び方

海体験 ▼ シギラビーチ シュノーケルツアー／マングローブ体験学習ツアー／サンセットディナークルーズモンブラン／水中観光船シースカイ博愛

伊良部島 入江でカニを捕獲！
マングローブ体験学習ツアー（カニランチ付き）

伊良部で生まれ育った蟹蔵さんの案内で、入江を探検。ここに暮らす生き物たちの話を聞きながら、罠にかかったマングローブガニを探す。ランチはカニ料理を堪能しよう。

ランチは絶品マングローブガニ

右／ドキドキしながらカニ籠をのぞく　上／蟹蔵さんの動植物の話も楽しい

蟹蔵　**MAP** 折り込み④A1　**所要** 約2時間30分　**交** 宮古空港から車で約30分　**住** 宮古島市伊良部字佐和田1381-6　**電** (0980)78-4737　**時** 問い合わせ　**休** 日曜　**料** 8800円〜（ランチのカニの大きさにより値段が異なる）　**駐車場** あり　**カード** 可　**URL** kani-zo.com

---

平良市街地 豪華客船でサンセットクルーズ
サンセットディナークルーズ モンブラン

白亜の豪華客船でロマンティックなサンセットタイムを、ビュッフェ料理を味わいながら楽しむクルーズ。地下1階のアクアラウンジからは海中の様子も見ることができる。

シェフが腕を振るうビュッフェスタイル

上／ひときわ目を引く白亜の豪華客船　左／ボトムデッキのアクアビュー。海中の神秘的な世界をのぞこう

ベイクルーズ宮古島
MAP 折り込み①B2　**所要** 2時間　**交** 宮古空港から車で15分（平良港出港受付カウンターに集合）　**電** (0980)72-6641　**時** 18:00〜（10〜3月は17:00〜）　**休** 不定休・荒天時　**料** 9000円（小学生4500円）　**URL** www.hayate-montblanc.com

---

南部 グラスボートで海中散歩に出発
水中観光船 シースカイ博愛

宮古島の海は熱帯魚たちの楽園。グラスボートに乗って、約45分間の海中散歩を楽しもう。窓の外に広がる海中風景に感動！

洋服を着たまま気軽に海中世界が楽しめる

上／熱帯魚やウミガメを見ることができる　下／サンゴのきれいなスポットを巡る

MAP 折り込み②A2　**所要** 45分　**交** うえのドイツ文化村(→P.103)内　**電** (0980)76-6336　**料** 2000円、小・中学生1000円　**時** 9:00〜16:00の毎時出発(12:00を除く)　**休** 荒天時　**駐車場** あり　**URL** www.hakuaiueno.com

---

 4〜10月の間開催されているナイトスノーケリングもおすすめ。夜の海は昼間とはまったく違う幻想的な世界。夜行性の魚や、海ホタルや夜光虫がキラキラと輝く神秘的な光景が見られるかも。

人気海水浴場から穴場ビーチまで
宮古島の人気ビーチ10

東洋一の美しさとたたえられる白砂のビーチや、干潮時のみ現れる秘密のビーチなど、宮古島には美景ビーチが勢揃い！

🚻トイレ 🚿シャワー 更衣室 🛒売店 Ｐ駐車場

南部
①海水浴デビューにぴったりの穏やかなビーチ
イムギャーマリンガーデン
いむぎゃーまりんがーでん

入江を利用した海水浴場。波が穏やかでまるで天然のプールのよう。駐車場からも近く、小さな子供でも安心。周囲には遊歩道や広場が整備されているので、ピクニックも楽しい。

左／シーズン中は早朝から満車のことも　中／入江のなかは浅いので水遊びにぴったり　右／カヤックのレンタルもある

MAP 折り込み② C2　**交** 宮古空港から車で約15分

水が常に入れ替わるため透明度が高い

南部
②SNS映えする真っ白なビーチ
与那覇前浜
よなはまえはま

沖縄でいちばん美しいといわれるビーチ。真っ白できめ細かな砂浜、遠浅のエメラルドグリーンの海はまさにこの世のものとは思えぬ美しさ。ただし流れの強いこともあるので、遊泳の際は気をつけて。

晴れた日のビーチの美しさは格別

MAP P.102 A2　**交** 宮古空港から車で約15分

平良市街地
③市街地から近くアクセス至便
パイナガマビーチ
ぱいながまびーち

市街地からいちばん近い市民の憩いのビーチ。市街地から歩いて行くことができ、ビーチまではスロープが敷かれバリアフリーとなっている。売店はないが近くにコンビニエンスストアがある。

クリスタルブルーの海が目の前に

MAP 折り込み① A3　**交** 公設市場から車で約3分

南部
④サンゴと熱帯魚の楽園
吉野海岸
よしのかいがん

遠浅の海にサンゴとカラフルな熱帯魚が泳ぐ、宮古島を代表するスノーケリングスポット。シーズン中にはレンタルショップやワゴン販売などが登場し、にぎわいをみせる。

上／海の中に入ると熱帯魚の楽園
下／シーズン中はパラソルの休憩スペースが登場

MAP 折り込み③ B1　**交** 宮古空港から車で約30分

吉野海岸のアクセス

吉野海岸は、夏期とそれ以外で駐車場の使用方法が異なる。夏期はビーチ手前の駐車場に停め、シャトルバスでビーチまで移動する。料金は500円で、シャワーなどの施設使用料込み。それ以外のシーズンはビーチ近くまで車で行ける。料金は無料。

右／夏期の駐車場。レンタルもある
左／オフシーズンは、ビーチ近くの駐車場へ

---

voice　下地島空港の北側にある17エンド（→P.36）も人気のビーチだが、砂浜が現れるのは干潮時のみなのでチェックして出かけよう。晴れていればエメラルドグリーンの海に白砂のビーチが延びる絶景を見ることができる。監視員はいないので遊泳の際は気をつけて。

宮古島の人気ビーチ10 遊び方

南部
⑤ マリンアクティビティが豊富
シギラビーチ
しぎらびーち

シギラリゾートにあるビーチ。熱帯魚が泳ぐ海にはウミガメが訪れることも。シギラビーチハウス（ビーチハウス利用は一部有料）で各種レンタルやアクティビティを申し込める。

宿泊客以外も利用できる（駐車場代 1000円）

MAP 折り込み② B2　**交** 宮古空港から車で約15分

北部
⑧ 砂山を越えた先にある絶景
砂山ビーチ
すなやまびーち

平良市街地から4km北にある白砂の美しいビーチ。波の浸食によってできたアーチ状の岩が印象的。急な砂山を歩くのが大変だがそれも醍醐味。流れが強いので波打ち際で楽しんで。

現在、アーチ下は立ち入り禁止となっている

MAP P.100B3　**交** 宮古空港から車で約20分

南部
⑥ ファミリーにも安心のビーチ
保良泉ビーチ
ぼらがーびーち

周囲を断崖に囲まれたプライベート感あふれるビーチ。熱帯魚が泳ぐ海でスノーケリングを楽しめる。天然地下水のプールも併設。プールは300円（3〜10月営業）。ビーチハウスは通年営業。

パラソルなどのレンタルもある

MAP 折り込み③ B2　**交** 宮古空港から車で約25分

伊良部島
⑨ クリスタルブルーの水をたたえた美景ビーチ
渡口の浜
とぐちのはま

伊良部島の西部、800mにわたって緩やかな弓状に湾が広がる美しいビーチ。きめ細かな砂浜が裸足に気持ちいい！ビーチからは宮古島、来間島、下地島を望むことができる。

シーカヤックなどのツアーでも使われる

MAP 折り込み④ B2　**交** 宮古空港から車で約25分

平良郊外
⑦ 夕日の観賞スポットとしても人気
トゥリバービーチ
とぅりばーびーち

伊良部大橋のたもとに広がる人工のビーチ。波が穏やかでクラゲネットもあるので安心して泳げる。サンセットが有名で、トゥリバー公園内は遊歩道が整備され、ピクニックにもいい。

広い駐車場があるのも便利

MAP P.102A1　**交** 宮古空港から車で約12分

下地島
⑩ スノーケリングスポットとして人気
中の島ビーチ
なかのしまびーち

波打ち際まで迫るサンゴに熱帯魚が遊ぶ天然の水族館。ビーチエントリーのダイバーにも人気のスポット。湾になっており波が穏やかなので、子供連れにも人気。日陰がないので注意。

遠浅のビーチは熱帯魚の楽園

MAP 折り込み④ A2　**交** 宮古空港から車で約30分

海遊びのポイント

日焼け対策は万全に
島の日差しは強烈だ。曇っていても日焼け対策は万全に。ラッシュガードはクラゲ対策にも有効。日焼け止めは環境に優しいものを選んで。

まもる君日焼け止めクリーム1580円と保湿ジェル1280円。環境にも配慮された素材

マリングッズは手に入る？
マリンシューズやラッシュガード、浮き輪やスノーケルセットは島でも手に入る。ドン・キホーテやシギラリゾートのなかのショップが品揃え豊富。

ドン・キホーテのマリングッズ売り場

ハブクラゲに注意
6〜10月はハブクラゲに注意が必要。刺されると激痛が走りショック状態になることも。ネットが設置してあればその中で遊ぼう。

刺されたら酢をかけて触手を取り除く

泳げるのはいつまで？
快適に泳げるのは5月下旬〜10月いっぱいだ。それ以外のシーズンでも海のツアーは実施されているがウエットスーツや厚手のラッシュガードを着用して。

10月下旬。ラッシュガードを着ればまあまあ泳げる

多良間島、大神島にも美しいビーチがたくさんある。シーズン中でもひと気が少なくほぼプライベートビーチ状態。しかし、監視員はおらず、売店などもない場合が多いので、水や食べ物、日よけのパラソルなどは忘れずに。

羽を休める水鳥も多い

小さな魚がいっぱい！

ふわふわ泳ぐクラゲに遭遇

平良郊外

マングローブの森で
生き物たちの不思議に迫る！

体験マングローブカヤック

汽水域に広がるマングローブ林は、独特の自然環境のなかに暮らす生き物でいっぱい。水辺の生き物に会いに行こう。

とっておきの場所にご案内します！

セブンシーズ宮古島
春川 京子(Koko)さん

安定感抜群のカヤックでマングローブの森に出発

海水と淡水が混ざる汽水域に生息するマングローブ。満潮時と干潮時で大きく水位が異なる特異な自然環境から、独特の生態をもつ生き物の宝庫として注目されている。このツアーでは満潮時を選んでカヌーでマングローブの森を探検。静かで小回りの利くカヤックの特性を生かして、生き物にぐっと近づいて観察したり、マングローブのトンネルをくぐったり。普段は見ることのできない角度から、島の生態系や成り立ちに触れることができる。少人数制なので、島の自然や歴史に精通したガイドの話を思う存分聞くことができるのもポイント。

※カヤックツアーは小学校1年生から参加可

もっと知りたい！

干潮時にはマングローブ探検も

潮が引いているときは干潟を歩いて散策するのも楽しい。シオマネキなどのカニや、水鳥などの生き物や、マングローブの根っこや葉っぱを間近に観察できる絶好のチャンス。過酷な環境で生き延びる、マングローブの知恵に感動！1日貸し切りツアーならもっと満喫できる。

スケジュール

所要時間 約1時間30分　**レベル**

9:30 島尻マングローブ林駐車場に集合
車で10分
集合は島尻マングローブ林駐車場。ぬれてもいい服装で集合し、受付をする。更衣室はないのであらかじめ着替えておこう。

平良市街地から車で15分ほど

9:35 まずはレクチャーを受ける
まずは基本的な動きのレクチャーを受ける。パドルの持ち方や漕ぎ方について教わろう。疑問点はここで解決しておくこと。

初めてでも心配なし！

9:40 マングローブの森に出発〜！
カヤックで20分
ライフジャケットを着用したらいよいよ出発。安定感のいいカヤックなので落ち着いてパドルを漕ごう。慣れてきたらマングローブに接近してみて。

流れは穏やかなので安心

10:10 樹上に不思議な生き物を発見
カヤックで30分
木の上で休む生き物を発見。これはミナミトビハゼ。干潟の泥の上にいることが多いが、満潮時にはマングローブの根の上で休んでいることも。

ユーモラスな表情がかわいい

10:30 ジャングルを探検
慣れてきたらマングローブ林のジャングルに行くことも。うっそうと茂る木の枝や根の間を抜ける探検気分が味わえる。

頭上の枝に水鳥がいるかも

セブンシーズ宮古島　**MAP** P.100B2　**所要** 約1時間30分　**交** 島尻マングローブ林駐車場集合　**電** 080-5659-4189　**時** 満潮時のみ催行。開始時間は要問い合わせ　**休** 不定休　**料** 7000円(2名より催行)　**駐車場** あり　**予約** 2日前の17:00までに必要　**URL** https://www.7miyako.com

VOICE マングローブカヤックの帰りに砂山ビーチで海水浴を楽しんでも。シーズン中の砂山ビーチには飲み物を売る売店やビーチアイテムのレンタルもある。入口にはかき氷を売るワゴンも。また、シャワー（冷水）があるので、ここで汗を流すことも可能だ。

遊び方

森体験 ▼ 体験マングローブカヤック／うぷきの森探検ナイトツアー

羽化したてのセミに遭遇！

夜の森で実はにぎやかなんです！

鳴き声も聞いてね

平良郊外
夜行性の生物がうごめく
暗闇の森で自然体験

うぷきの森探検ナイトツアー

夕暮れとともにフクロウの鳴き声が響く森を散策。
森の中には暗闇で活動する夜行性の生物がいっぱい！　岡 徹さん

真っ暗な森の中にさまざまな生物を発見

　うぷき（大きな木）の森で、夜になると動き出すのが夜行性の生物たち。闇に包まれた森を歩くナイトツアーでは、そんな夜の住人を観察する。森の中にはフクロウの鳴き声が響き、月明かりを背景に飛び回るオオコウモリが見られることも。懐中電灯で足下を照らすと、ミヤコヒキガエルやイシガメといった水辺の生き物がガサゴソ。ほかにも夏場なら羽化途中のセミや樹液を吸うクワガタ、葉っぱと同化したトカゲなどさまざまな生物が見つかる。冬以外なら淡い光を放つホタルの歓迎も。

　宮古島にはハブがいないので、夜の森でも安心して散策できるのも魅力のひとつ。

もっと知りたい！
フクロウの鳴き声を聞き分けて
宮古島の森には2種類のフクロウが生息する。「ホホ、ホホ」と鳴くのがコノハズク、「ホゥホゥ」と鳴くのがアオバズク。鳴き声のもとをたどると、枝にとまったフクロウが見られることもある。

お茶として人気の月桃の葉。上品な香りが漂う

スケジュール

所要時間 約2時間　レベル

19:00 島でいちばん大きな森へ潜入

徒歩30分
地質の関係で水が貯まらない宮古島は緑地が少ない。うぷきの森は、そんな宮古島で最も大きな亜熱帯の森。さまざまな植物を観察できる。

森の中は平坦で歩きやすい

19:30 生物たちが住む雑木林へ

徒歩30分
宮古島市熱帯植物園から、うっそうとした雑木林へ入る。月明かりも届かない暗闇のなか、懐中電灯の光を頼りに歩く。鳥や虫の鳴き声が！

ガイドの説明がおもしろい

20:00 カメが暮らす小さな池

徒歩25分
小さな池をよく見ると、水面からイシガメが顔を出していることも。樹上には特定外来生物のシロアゴガエルの卵が見られることもある。

イシガメがお出迎え！

20:25 樹木に覆われた洞窟を探検
徒歩20分
戦時中に日本軍が利用していたという石灰質の洞窟に入る。洞窟の中は天井が高く広々。大きなヘビや脱皮したあとの皮が見られることも。
樹木の気根に覆われている

20:45 晴天時は開けた場所で星空講座
山林から出ると、あたりは真っ暗。雲がない日は、懐中電灯を消してきらめく星を観察する。暗闇を漂うホタルの幻想的な光も探してみて！

上空にオオコウモリが!?

宮古島ひとときさんぽツアーデスク（島の駅みやこ内）　**MAP** P.94C2
所要 約2時間　交 宮古島市熱帯植物園正門駐車場集合→ P.95
電 (0980)73-7311　時 19:00～21:00（11～3月は18:30～20:30）
休 不定休　料 5000円（懐中電灯レンタル含む）　駐車場 あり
予約 前日17:00までに必要　URL www.plannet4.co.jp/hitotokisampo

voice「うぷきの森、星空ナイトツアー」は夜行性の生物を観察するツアー。虫が多いので長袖、長ズボンを着用し、歩きやすいスニーカーを履いておくと安心。コースは季節や天候によって変わる。

47

宮古島の動植物をチェック
動植物図鑑

本州とは少し様相の異なる宮古島の食材＆動植物をご紹介

代表的な食材

果物、野菜、魚など、宮古島で食べてみたい食材はこれ！

マンゴー
ウルシ科マンゴー属
旬：6〜8月

宮古島では果物の王様

宮古島で栽培されるマンゴーはアップルマンゴーとキーツマンゴーの2種類。生食や、ジュースで味わって。

ドラゴンフルーツ
サボテン科ヒモサボテン属
旬：6〜11月頃

果皮が龍の鱗に似ていることからその名で呼ばれる。果肉は赤と白があり、酸味がなくあっさりとした甘さ。

パッションフルーツ
トケイソウ科トケイソウ属
旬：6〜8月頃

固い皮の中に、小さな種とゼリー状の果肉が入っており、独特の酸味が特徴。生食、ゼリーなどで。

パパイア
パパイア科パパイア属
旬：通年

青い実は料理の食材に

熟した実は果物として生食に、未熟な実は千切りにして炒め物（まんじゅまい）や漬け物でいただく。

ナーベラー（ヘチマ）
ウリ科ヘチマ属
旬：5〜9月

ゴーヤと並ぶ夏の沖縄野菜の定番。若く軟らかい実を炒め物にしたり味噌汁の具として使用する。

島らっきょう
ヒガンバナ科ネギ属
旬：12〜6月

ピリッとくる味がやみつき

本土のらっきょうよりも小型で香りが強いので、天ぷらや浅漬けで香りを楽しむ。

海ぶどう
イワズタ科イワズタ属
旬：通年（旬は10〜5月）

グリーンキャビアとも呼ばれる海藻。プチプチとした食感が楽しいので、サラダなどの生食で。

アーサ（ヒトエグサ）
ヒトエグサ科ヒトエグサ属
旬：1〜4月

アオノリの原材料となる海藻。島豆腐と一緒に味噌汁にしたり、天ぷらにして食べられる。

ヨモギ
キク科ヨモギ属
旬：3〜5月

宮古島の方言でヤツツサといわれ（沖縄ではフーチバー）、ヤギ汁の匂い消しに使ったり、煎じて飲む。

イラブチャー（ナンヨウブダイ）
ブダイ科ハゲブダイ属
旬：通年

色彩がおしゃれ

コバルトブルーの鮮やかな魚。アラからはよいだしがとれる。刺身やフライ、味噌汁などで。

ヤコウガイ
リュウテン科リュウテン属
旬：通年

刺身やバター炒め、蒸したりして食べられる。殻の内側は真珠のような光沢があり、螺鈿細工の原料になる。

グルクン
タカサゴ科タカサゴ属
旬：通年（旬は初夏〜秋）

25cm前後の魚で、から揚げはビールのつまみにぴったり。塩焼きや、港近くでは刺身でも食べられる。

ノコギリガザミ（マングローブガニ）
ワタリガニ科ノコギリガザミ属
旬：6〜9月

海水と淡水の混ざる汽水域に生息するカニ。甘味が強く、ゆでたり汁物にする。

ミーバイ（ハタ）
ハタ科
旬：通年

みんな大好き高級魚

ハタ科の高級魚。白身で上品な味わい。刺身、煮付け、魚汁などさまざまな料理で食べられる。

遊び方 ▶ 島カルチャー ▶ 動植物図鑑

島で会いたい 動植物

宮古島で会える動物や植物たち。見たものからチェックして！

ウミガメ
ウミガメ科
会える季節：通年
宮古島で見られるのはアオウミガメ、タイマイ、アカウミガメ。スノーケリングツアーで会うことができる。

カクレクマノミ
スズメダイ科クマノミ属
会える季節：通年
珊瑚礁に生息する魚。体長は7cmほどで3本の横帯が特徴。吉野海岸などで会うことができる。

クマノミ
スズメダイ科クマノミ属
会える季節：通年
白い2本の帯が特徴。カクレクマノミより少し大きく、意外と攻撃的。縄張りに入ると威嚇してくることも。

ツノダシ
ツノダシ科ツノダシ属
会える季節：通年
黒と黄色のストライプの体と長く伸びた背びれが目印。スノーケリングや体験ダイビングで会える。

サシバ
タカ科サシバ属
会える時期 10月
翼を広げると1m以上になるタカの仲間。越冬のために10月に宮古島に飛来する。県の「絶滅危惧Ⅱ類」。

エリグロアジサシ
カモメ科アジサシ属
会える季節：6〜8月
体長約30cm。太平洋南西部、東南アジアの島々、オーストラリアなどで繁殖する。宮古島には夏場飛来。

ミフウズラ
ミフウズラ科ミフウズラ属
会える季節：通年
体長16cm。サトウキビ畑の中に生息し、4〜8月頃に繁殖する。早朝畑を探すと姿が見られる可能性が。

宮古馬
ウマ科ウマ属
会える季節：通年
温厚で粗食や重労働に耐えられる、島で飼育されてきた日本在来種の馬。現在は、飼育された宮古馬に会える。

ハイビスカス
アオイ科フヨウ属
開花時期：通年
世界の熱帯・亜熱帯に広く分布する低木。赤、白、オレンジ、ピンクなど鮮やかな花をつける。

ブーゲンビリア
オシロイバナ科ブーゲンビレア属
開花時期：通年
成長が早く垣根代わりにされることも多い。花びらのように見えるのは実は葉の一部。宮古島の市花。

サガリバナ
サガリバナ科サガリバナ属
開花時期：6月下旬〜7月中旬
日没とともに咲き、強い芳香を放ち明け方に散る幻想的な花。開花に合わせて群生地でライトアップされる。

トケイソウ（パッションフルーツの花）
トケイソウ科トケイソウ属
開花時期：5〜10月
花の形が十字架に磔にされたキリストに見えることから受難（Passion）と呼ばれる。

アダン
タコノキ科タコノキ属
開花時期：5〜8月
高さ3〜5mの中低木。幹から多数の支柱根が垂れる。12〜1月頃に橙色に熟した実をつける。

デイゴ
マメ科デイゴ属
開花時期：春〜初夏
宮古島の春を告げるように鮮やかな赤い花を咲かせる。この木から琉球漆器や各種工芸品が作られる。

ガジュマル
クワ科イチジク属
開花時期：10〜4月
20mを超す巨木となり、根が複雑に絡み合う。古くよりガジュマルには精霊キジムナーがすむといわれる。

お客さんに合わせてコースも変更!

伊良部島
港町をや〜がまく〜がま

佐良浜町歩き&お宅訪問

佐良浜出身のガイドさんと一緒に、細い路地が入り組んだ集落を散歩。島のおばあの家におじゃまして、島の暮らしの話を聞くのも楽しみ!

浜川 和江さん

島民との触れ合いが楽しい
や〜がまく〜がま散歩

「や〜がまく〜がま」とは、伊良部島の方言で「あちこちの家に寄りながらぶらぶらする」という意味。ツアーでは斜面に広がる佐良浜集落を、のんびりぶらぶら歩く。集落内の路地は細い迷路のようだが、地元のガイドさんがついてくれるので安心。佐良浜の歴史や暮らしについての話を聞きながら、1時間ほどの散策を楽しもう。

佐良浜に暮らす人々の先祖は、1720年に池間島から移住してきた「池間民族」。集落には伝統の暮らしが継承されている。昔から大切に守られてきた井戸の跡やサンゴを積み重ねた石垣などは島らしい見どころ。オープンな気質も海洋民族ならではで、散策途中に会った人が話しかけてくれたり、あいさつをしたおばあが沖縄の踊りを見せてくれたり、人々との触れ合いが思い出に残る。坂や階段が多い散策でちょっと疲れを感じてきた頃、民家におじゃまして休憩。冷たい飲み物とお菓子をいただきながら、島の暮らしについて話を聞くのも貴重な体験だ。「宮古島に移住したいな」と思わせる、ほっこり心温まるひとときになる。

斜面に広がる佐良浜集落では、高台から眺める海の美しさが格別!

もっと知りたい!
ほかにも個性的な町歩きコースが!

宮古島には「や〜がまく〜がま」以外にも町歩きコースが用意されている。「綾道(あやんつ)英雄物語」では、旧市街地の史跡や文化財をたどりながら宮古島統一の歴史を学ぶ。また「まっちゃみち散歩」では、宮古島の目抜き通り、西里大通りの歴史をたどりながら6つの御嶽を巡る。そして「ずぅずぅうばるんかい!」は集落散策を楽しみながらつみ草と郷土料理も体験。個性的なツアーはどれも左記の「宮古島ひとときさんぽツアーデスク」で予約可。

「綾道(あやんつ)英雄物語」で立ち寄る平良市街の漲水御嶽

宮古島ひとときさんぽツアーデスク(島の駅みやこ内)
MAP 折り込み④B1 所要 約1時間30分 交 いんしゃの駅・佐良浜集合(伊良部漁業協同組合1階) 電 (0980)73-7311 時 10:00〜11:30、16:00〜17:30※ツアーの時間は相談可 休 不定休 料 4000円 駐車場 あり 予約 必要 URL www.plannet4.co.jp/hitotokisampo

VOICE 佐良浜はカツオの一本釣りで知られ、その歴史はおよそ100年。沖縄県のカツオ漁獲量の約8割がここで水揚げされる。伊良部漁協の1階では新鮮なカツオを購入することもできる。

遊び方

島カルチャー ▶ 佐良浜町歩き&お宅訪問

スケジュール
所要時間	歩行距離	体力レベル
約1時間30分	約2km	👣👣

10:00 伊良部漁協から町歩きスタート

ガイドさんの話を聞きながら、佐良浜漁港に沿って歩き始める。ガイドさんの子供の頃の話など、ここでしか聞けない貴重な話がいっぱい。

坂道を上るので歩きなれた靴で

のんびり歩きましょう♪

徒歩5分

10:05 神様に守られたアガイノガー

「ガー」とは井戸のこと。川のない伊良部島では水は大切なもの。井戸は神様のすむ場所とされ、使われなくなった今でも神聖視されている。

独特の風習があるのよ

壁の穴には線香がたかれている

徒歩10分

10:25 公園から佐良浜集落を一望

坂を上ると、見晴らしのいい公園に到着。高台から集落や漁港を見渡せる。公園のベンチでは島のおじいたちが団らんしていることも。

上/伊良部島や佐良浜の歴史がおもしろい!
左/小さな漁船が連なる佐良浜漁港

10:40 集落に溶け込む御嶽にごあいさつ

集落を歩いていると、いたるところに御嶽や拝所が作られている。ガジュマルの根に取り込まれトンネルのようになった御嶽を発見!

神様にお礼を♪

徒歩10分

拝所はきれいに掃除されている

11:00 漁師町らしいサンゴを重ねた石垣

サンゴの石垣は通称「サンゴ道」。水はけがよく雨が多い場所に適している。石垣からサンゴが落ちていたら、ひろって隙間に戻しておこう。

魔除けのクモガイ

上/独特な壁の色は船を塗るペンキを使うから
右/サンゴは水はけがよいので崩れにくい

徒歩10分

11:15 島の人と食卓を囲み語らう♪

ガイドさんの案内で民家へ。野菜やフルーツ、冷やしたお菓子など佐良浜のおやつでもてなしてくれる。島の暮らしについての話も聞ける。

遊びにいらしてね

親戚の家にきたような気分。野菜や甘いおやつで疲れも吹き飛ぶ

町歩き MAP

アガイノガー / 海が見える公園 / 御嶽 / 佐良浜児童館 / 命根御嶽 / サンゴ道 / 大主御嶽 / カツオ漁100周年の碑 / 伊良部漁協 — いんしゃの駅・佐良浜 / 佐良浜漁港 / START / GOAL

<イメージ図>

Voice 宮古島ひとときさんぽツアーデスクでは「カツオー本釣り修行ツアー」と題して、佐良浜の海人に混じってカツオー本釣りを体験するツアーを開催している。漁船に10時間ほど乗り込むハードなツアーなので気合いを入れて参加しよう!

伊良部島　何が釣れるかわからないワクワク感！

島のおじいと港釣り

佐良浜漁港周辺の桟橋やビーチで五目釣り体験。初心者には釣り好きのおじいがていねいにレクチャーしてくれる。釣り針に餌をつけ海へ投入。海面近くにいる魚は釣れないので、餌を素早く底に沈めるのがポイントだ。魚影の濃い海だけに、思わぬ大物が釣れるかもしれない！

初心者でも扱いやすいリール付きの釣り竿で五目釣り

潮風に包まれてのんびりしましょ

杉山　直樹さん

餌の付け方やリールの使い方を教えてもらう

おじいのレクチャーで港釣りスタート

餌が取られた！

海底近くにいる魚を狙うのがコツ。根気よく！

ギンポが釣れた〜

ググッと引いたらタイミングを合わせて釣り上げて

宮古島ひとときさんぽツアーデスク（島の駅みやこ内）
所要 約2時間30分　交 予約時に確認　電 (0980)73-7311
時 9:30〜　休 不定休　料 5000円（釣り竿レンタル、餌代を含む）
駐車場 あり　予約 前日17:00までに必要
URL www.plannet4.co.jp/hitotokisampo

伊良部島　カツオやマグロを一尾まるごと刺身に！

魚さばき体験 & ランチ

佐良浜で一本釣りされたカツオやマグロを三枚におろす。包丁の持ち方から教えてくれるので初めてでも心配なし。恐る恐る包丁を入れると「もっと思いっきり！」と先生の声。頭を落とし皮をむいて、骨にそって切るときれいな刺身のできあがり。雨の日のアクティビティとしてもおすすめだ。

包丁一本で素早く三枚におろす方法は漁港によって違うそう

私、意外と上手かも♡

新鮮な心臓はさばいた人の特権

漁師のさばき方を教えるよ

包丁を押し出すようにしてマグロの固い尻びれを落とす

先生の指示に従ってさばくと、きれいな形に！

新鮮で弾力のある魚は薄く切ったほうが食べやすい

ランチはさばいたお刺身のしゃぶしゃぶ

中村　良三さん

宮古島ひとときさんぽツアーデスク（島の駅みやこ内）　MAP 折り込み④B1　所要 約1時間
交 いんしゃの駅・佐良浜集合（伊良部島漁業協同組合1階）　電 (0980)73-7311　時 13:00〜
休 不定休　料 7000円（2〜3人につきマグロかカツオ1尾。ランチを含む）　駐車場 あり
予約 前日17:00までに必要　URL www.plannet4.co.jp/hitotokisampo

宮古島ひとときさんぽツアーでは、夏限定でサンセットフィッシングを開催している。17時30分からの堤防釣りは、夕日を眺めながらの幸せな時間。大人はビールを片手に……というのもあり。

遊び方

島カルチャー ▼ 島のおじいと港釣り／魚さばき体験＆ランチ／琉球吹きガラス体験

オリジナルグラスの完成！

南部

ガラスに息を吹き込んで
思いおもいの色や形を作る

琉球
吹きガラス体験

世界にひとつだけのグラスを作る！

　吹きガラスとはガラスの成形技法のひとつで、1000℃を超える高温の溶解炉で柔らかくしたガラスを吹き竿という金属の棒に付け、棒の反対側から息を吹き込むことによって形作るもの。息を吹き込む量や、ガラスの色や量により、自由に形や色を作り上げることができるのが魅力だ。体験では、まずはできあがりの形を決めるところからスタート。作りたい形を決めたら、どんな色にするか考える。決まったら、工房に移動して吹きガラススタート。1000℃以上の真っ赤なガラスの赤ちゃんに思いっきり息を吹き込むと、まるで生き物のように膨らんでいく。世界にひとつだけのオリジナルグラスを旅の思い出に持ち帰ろう。

もっと知りたい！

琉球ガラスってなに？
もともとは戦後の資材不足のときに、コーラやビール瓶を再生して作ったガラスのこと。不純物が多いためガラスに気泡が入ることが多いが、それが独特の味わいとなり、人気のガラス製品となった。

まずはサンプルを参考にどんなグラスを作るか決める

スケジュール
所要時間 約1時間　レベル ★★☆

11:00 作りたい形を決める
まずはグラス、小鉢、一輪挿しのなかから作りたい作品を決める。できあがりを想像しながら形を決める、とても楽しいひとときだ。

仕様を決めて設計図に記入する

11:10 色や配置、模様を決定
次に色や模様を決める。できあがりをイメージしながらトレイに色ガラスを置いていこう。水玉やライン、マーブルなど模様も選べる。

20色以上のなかから選べる

11:30 溶けたガラスに模様をつける
真っ赤に熱せられたガラスを棒に巻き取り、先ほど選んだ色ガラスをつける。これが溶けてガラスに模様がつく。

側面と底面に着色ビーズをつける

11:40 思いっきり息を吹き込む
色がついたガラスに息を吹き込んでいく。数回にわけて、希望の大きさになるまでがんばって吹こう。みるみる膨らんでいくガラスに感動！

空気が漏れないようしっかり吹こう

11:50 飲み口を整えて完成
大きく膨らんだら、最後に飲み口部分を整えて完成。できあがったガラスは半日かけてゆっくり冷却し、その後受け取れる（配送可能）。

最初からは想像できないきれいな色合いに！

ガラス工房 PONTE
MAP 折り込み② B2　**所要** 2人で1時間〜、3人で1時間15分〜
交 宮古空港から車で15分　**住** 宮古島市上野宮国1194　**☎** 0980-76-3010　**時** 10:00〜18:00　**休** 水・日曜　**¥** 5500円（5歳から体験可能）　**駐車場** あり　**URL** https://ponte-glass.com/

吹きガラスは高温になることと肺活量が必要なため、5歳以上の参加を推奨。作業場はかなりの高温となるため、汗を拭くタオルを持っていこう。できあがった製品は2営業日後から店舗受け取りでも配送もできる（送料1200円）。

53

南部 おいしく楽しく黒糖と島バナナについて知る！

黒糖&島バナナ スイーツ作り体験

砂糖もバナナも身近な食べ物だが、実は知らないことだらけ。ツアーでは実際にサトウキビを収穫したり島バナナを手に取って、生態や加工法、歴史にいたるまで幅広い知識を楽しく学べる。学んだあとは、実際に試食タイム。搾りたてのサトウキビジュースは、フレッシュな香りに感動。黒糖を煮詰めてゴマやナッツと絡めて作る島バナナのスイーツも絶品だ。楽しくおいしく学ぼう！

サトウキビの秘密を教えます

松本 克也さん

収穫したてのサトウキビは意外と重い！

機械を使って、収穫したてのサトウキビを搾る

フレッシュサトウキビジュース。シークヮーサーを加えて飲んでみて！

島バナナに黒糖を絡めて極上スイーツのできあがり

こうばしい黒糖が美味！

作った黒糖スイーツはおみやげに♪

オルタナティブファーム宮古 MAP P.102A2 所要 1時間30分〜2時間
交 宮古空港から車で15分 住 宮古島市下地上地仲道原9-6 時 9:00〜、13:00〜、16:00〜（その他応相談） 料 5500円 休 不定休 予約 必要
カード 可 駐車場 あり URL https://alternative-farm.com/

南部 沖縄伝統の衣装をまとって記念撮影♪

宮古島琉装体験

琉装とは、琉球王朝時代の王族、貴族が着用していた着物。現在も、結婚式や成人式などお祝いの場で着られる正装だ。この美しい衣装を着て、記念撮影はいかが？豊富な衣装のなかから好みの柄を選び、着替えたあとは、スタジオや南国の花が咲く庭で記念撮影。自身のスマートフォンやカメラで多数のカットを撮影してくれる。

どの色が似合うかな〜？

女性にはヘアセットもしてくれる

子供は100cm程度からの衣装を用意

琉装着付け体験 46st. MAP P.102B1 所要 1時間30分 交 宮古空港から車で5分 住 宮古島市平良字下里2905-2 時 10:00〜19:00（最終受付17:30） 料 大人6000円、子供5000円 休 不定休 予約 必要 カード 可 駐車場 あり @46st.miyakojima

voice 琉装着付け体験は家族での体験希望者も多い。女性の華やかな衣装もすてきだが、シックな色合いの衣装にハチマチという帽子をかぶる男性の着物も風流だ。毎年家族で訪れて記念撮影を撮る方もいるという。

遊び方

島カルチャー ▼ 黒糖＆島バナナ スイーツ作り体験／宮古島琉装体験／伝統の三線体験／カチャーシー体験

平良市街地 宮古島の空に響く三弦の音色
伝統の三線体験

琉球王朝の時代から600年の歴史をもつ三線を演奏。民謡やポップスのなかから好きな曲を選び、三線ならではの譜面、工工四（くんくんしー）を見ながら反復練習をする。基本からきちんと教えてもらえるので、最後には三線を弾きながら歌えるようになる！　気に入ったらマイ三線を買って帰ってもいいかも!?　ヘビ皮張りの高級三線が奏でる音が耳に心地よい。

ニシキヘビの皮を張った本格的な三線を使う

まずは自分の指にフィットするバチを選ぶ ／ 座って胸を張り、脇は軽く開くのが基本ポーズ

指がつりそう〜！

先生と一緒に演奏すると上手に弾けているような気分に！ ／ 先生の手元を見ながら、見よう見まねで弾いてみよう

弾けると楽し〜い ／ 三線は歌をのせて初めて完成。最後は歌三線に挑戦！

宮古島三線工房
MAP 折り込み①D1　所要 約1時間10分　交 公設市場から車で5分
住 宮古島市平良字西仲宗根209-1　電 080-5645-1322　時 午前・午後1回
休 火・日曜不定休　料 3000円（中学生以上）　駐車場 あり
予約 必要　URL www.miyakojima-sanshin-kobo.okinawa

平良市街地 民謡居酒屋で披露しよう！
カチャーシー体験

カチャーシーとは沖縄の伝統的な踊り。沖縄では結婚式やお祭りなど、楽しいときには自然発生的にカチャーシーが踊られる。観光客でも民謡居酒屋などで踊る機会があるはず。せっかくだから、格好よく踊れるほうが楽しい……ということで、カチャーシーの基本動作を学ぶこちらの体験をぜひ。

リズムをとりながら楽しむことが上達への近道！

ひじを内側に入れないっ！

ひじは動かさず、手首から回すのがポイント

女性は手を開き、男性は手を軽く握って踊る

こんがらがってきた……汗 ／ 慣れてきたら足を動かし、合いの手を入れても楽しい ／ 仕上げは音楽に合わせて自由に踊る。意外と疲れる……

楽しく踊りましょう☆
池村 豊枝さん

宮古島三線工房

MAP 折り込み①D1　所要 30分　交 公設市場から車で5分　住 宮古島市平良字西仲宗根209-1
電 080-5645-1322　時 体験時間は応相談　休 不定休

料 1000円　駐車場 あり　予約 必要　URL www.miyakojima-sanshin-kobo.okinawa

voice　「宮古島三線工房」では、三線の販売・修理も行っている。人工皮を張った三線は2万5000円〜。ニシキヘビの皮を張った三線は5万9900円〜。棹は樫や紫檀、黒檀などを使い、塗りによっても値段が異なる。黒木三線の最高級品は40万円！

55

平良郊外 世界でひとつのオリジナルシーサー作り
シーサー作り体験

土やサンゴなどの宮古島の素材を使って、シーサー作り体験はいかが？できあがったシーサーは一つひとつまったく表情が違うのが楽しいところ。シーサーは焼成して後日自宅に郵送してくれる。

シーサーやお皿なども販売している

どんなシーサーにしようか想像力を膨らませて

小さな子供から楽しめる

シーサーモノガタリ **MAP** P.94A3 **所要** 約2時間 **交** 宮古空港から車で5分 **住** 宮古島市平良字松原1135-6 **電** (0980)75-0660 **時** 10:00〜18:00(最終受付16:00) **休** 不定休 **料** 4290円(送料別) **駐車場** あり **予約** 必要 **URL** seasah.net

---

平良市街地 島の思い出をキャンドルに込めて
キャンドル作り

好みの色のロウを型に流し込んでオリジナルキャンドルを作ろう。スタッフがていねいに教えてくれるので、ひとり参加も初心者も安心。紙コップサイズで持ち帰りも簡単だ。

数色のロウを使い分ければ、こんなカラフルなキャンドルに！

細かく砕いたロウを散らして完成！

型に流し込んで作業は完了。受け取りは2時間後以降に可能

feu wax（ふー わっくす） **MAP** 折り込み①C1 **所要** 約1時間 **交** 宮古空港から車で約5分 **住** 宮古島市西仲宗根39-1 THX-A号室 **時** 11:00〜19:00 **休** 水曜 **料** 3000円 **駐車場** あり **予約** LINEで予約 **URL** feuwax.com

---

南部 夜空に輝く星を見に行く
夜空観賞ツアー

初めて宮古島を訪れる人が驚くのが星空の美しさ。外灯の少ない島の夜空には天の川や、ときには南十字星もくっきり。ガイドの解説で、島の神秘的な夜空を楽しもう。

上／神秘的な光景にうっとり 右／予想以上の星の数に驚く

シギラセブンマイルズリゾート **MAP** 折り込み②C2 **所要** 1時間 **交** シギラベイカントリークラブ正門集合 **時** 19:30〜20:30の間に開始(季節により異なる) **休** 荒天時 **料** 4400円(小学生3300円) **予約** HPから予約 **URL** https://act.shigira.com

---

voice 雨の日に活用したいカルチャー体験。ほかにも、貝殻細工、宮古上布体験、郷土料理教室、琉球衣装体験などさまざまなコースが開催されている。観光協会やホテルのフロントで尋ねてみて。

アクティビティ会社リスト

さまざまなマリンアクティビティやカルチャー体験を開催している会社はこちら。

現在、宮古島には数多くのアクティビティ会社があり、多くは良質なサービスを提供しているが、なかには安全性や環境への配慮に不安の声が聞かれる会社もある。下記のマリンアクティビティ業者は宮古島サスティナブルツーリズムガイドラインを遵守している事業者のみを掲載した。URL https://miyako-island.blog/

ショップ名	主な開催アクティビティ	電話	URL
アイランドエキスパート	スノーケリング、ダイビング	(0980) 73-7060	http://ie-miyako.com/
アイランドワークス	パンプキン鍾乳洞、スノーケリング	(0980) 77-7577	https://uminooto.com/
OCEAN KING	SUP、スノーケリングツアーほか	090-1941-0014	https://ocean-king.jp/
シギラセブンマイルズリゾート	スノーケリング、ウミガメ、シーカヤック、ダイビングなど	(0980) 74-7206	https://shigira.com/activity
カヤックやまちゃん	シーカヤック、スノーケリング、パンプキン鍾乳洞	090-3793-4589	https://kayakyama.com/
SEA ENJOY	ウミガメツアー、パンプキン鍾乳洞	080-9246-1218	https://seaenjoymiyakojima.wixsite.com/sea-enjoy
セブンシーズ	エコツアー、エコカヤックツアー		https://7miyako.com/
ダイブキッズ	体験ダイビング、ダイビング	(0980) 72-7338	http://www.divekids.jp/
ハーミットクラブ	スノーケリング、ウミガメ、SUPなど	080-6486-7019	https://www.harmitcrab.shop/
Fish a Go Go!	体験ダイビング、ダイビング	(0980) 73-6266	https://fg2.jp/
MARINE FORD	シーカヤック、スノーケリング、パンプキン鍾乳洞	080-6482-6169	www.marineford.net
マーリン	八重干瀬スノーケリング、ダイビング	080-6484-7954	https://marlinmiyako.com/
マレア宮古島	ダイビング	(0980) 76-3850	https://marea-miyako.jp/
宮古島 JET クルーズ	ジェットスキー	(0980) 79-0990	https://jet-cruise.com/

遊び方

島カルチャー ▼ シーサー作り体験／キャンドル作り／夜空観賞ツアー／アクティビティ会社リスト

知ればもっと楽しくなる！
島の学べる遊びスポット

気軽に体験できる海中世界や島に育つ植物のこと……、
楽しく手軽に島のことを
ちょっと深く知ることのできる施設をご紹介。

お魚がいっぱい！

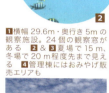

所要時間 30分〜1時間 ｜ 北部
宮古島海中公園
みやこじまかいちゅうこうえん

服を着たまま、カラフルな海中世界へ

水深3〜5mに作られた海中観察施設。これまでに確認された生物の種類は140種以上。平均して毎日60種類程度が観察できるそう。観察施設にはスタッフが常駐し、生物についてはもちろん、海洋環境や島の自然について教えてくれる。

❶横幅29.6m・奥行き5mの観察施設。24個の観察窓がある ❷&❸夏場で15m、冬場で20m程度先まで見える ❹管理棟にはおみやげ販売エリアも

MAP P.100B2　交 宮古空港から車で約25分　住 宮古島市平良字狩俣2511-1　☎ (0980)74-6335　⏰ 9:00〜17:00(最終入館16:45)　休 なし　料 大人1000円、高校生800円、小・中学生500円　駐車場 あり

所要時間 30分〜45分 ｜ 北部
雪塩ミュージアム
ゆきしおみゅーじあむ

雪塩のすべてが学べる
ショップ＆ミュージアム

「世界で一番ミネラル成分を多く含む塩」としてギネス認定されたこともある雪塩製塩所に併設するショップ＆ミュージアム。定期的に開催されている雪塩アドバイザーによる無料解説は雪塩の製造方法から使い方まで興味深い話が満載。カフェでは雪塩ソフトも販売する。

雪塩トリビアがおもしろい！

❶雪塩の製品がずらりと並ぶ ❷パウダー状の雪塩でお肌がすべすべに！ ❸雪塩ソフトクリーム450円は口溶けなめらか

MAP P.100A1　交 宮古空港から車で約30分　住 宮古島市平良字狩俣191　☎ (0980)72-5667　⏰ 9:00〜18:00(9〜3月は〜17:00)　休 なし　料 入館無料　駐車場 あり

Voice 宮古島海中公園では、フォトフレーム作り1800円（所要30分〜1時間）、貝殻アクセサリー作り1650円（20〜30分）などさまざまなクラフト体験ができる。当日受付も可能。

遊び方

島の学べる遊びスポット

所要時間 30分〜1時間 南部
まいぱり 宮古島熱帯果樹園
まいぱり みやこじまねったいかじゅえん

カートに乗って熱帯の森に出発

パイナップルやマンゴー、島バナナなど南国の果樹や草花が茂る広大な農園。人気はカートに乗って園内を探検できるトロピカルガイドツアーで、約25分かけてガイドと周りながら、植物についてさまざまな話が聞ける。最後は宮古馬の餌やり体験も。

めずらしい花が咲いてる！

ごはんちょーだい

1 電動のカートに乗り込んで出発！ 2 島バナナを発見。季節によって収穫体験もできる 3 希少な宮古馬。穏やかで優しい性格 4 カフェではスムージーが味わえる 5 園内は歩いて散策することもできる

MAP P.102A2 **交** 宮古空港から車で約15分 **住** 宮古島市下地字与那覇1210 **電**（0980）74-7830 **時** 10:00〜17:00（トロピカルガイドツアーは最終16:30） **休** なし（10〜3月は水曜） **料** 入園大人700円、小学生350円、トロピカルガイドツアー（入園料込み）大人1400円、小学生700円 **駐** あり

所要時間 30分〜1時間 南部
しろう農園カフェ
しろうのうえんかふぇ

かわいいヤギと触れ合えるアロエベラ栽培農園

自社農園で栽培されたアロエベラ製品を購入できるほか、宮古そば750円などを提供するカフェを併設。ヤギが飼育されており、餌やりや、ミルクやり体験ができる。

高いところが好きなんです

一緒におさんぽ！

1 ヤギたちのご機嫌がいいとヤギピラミッドが！ 2 カラフルでかわいいカフェ 3 夢中でミルクを飲む子ヤギがかわいい 4 ヤギさんと一緒に園内を一周おさんぽ

MAP 折り込み②A2 **交** 宮古空港から車で約25分 **住** 宮古島市上野宇宮国214-1 **電**（0980）79-7900 **時** 11:00〜17:00 **休** 木曜 **料** 入園料500円（中学生以下無料）・ミルクやり体験500円・ヤギとおさんぽ1500円（5名まで） **駐** あり

雪塩は、雪塩ミュージアムのスタッフが公言するとおり「とても使いにくい塩」だ。だがミネラル豊富でまろやかな雪塩は、使いこなせばメリットは大きい。雪塩ミュージアムでは使い方を説明したパンフレットを用意している。コツをマスターしよう。

限定グルメやおみやげを見つけに行こう
下地島空港が楽しい！

映えスポットもあるよ！

伊良部島の西、下地島にある下地島空港。南国のリゾートホテルのような雰囲気の一般エリアには、地元素材を使ったグルメが味わえるカフェやおみやげがずらり。伊良部島観光のついでに立ち寄ってみて！

オリジナルグルメを味わう

空港内のカフェでは、宮古島の食材を使ったサンドイッチやアイスクリーム、スムージーを用意。島らしいメニューでリフレッシュ♪

あかばなぁ＆ミルク
590円
宮古島産ハイビスカスとミルクをミックスしたソフトクリーム。甘酸っぱさとミルキーな味わいのコンビネーションがベストマッチ

マンゴースムージー
990円
マンゴーをたっぷり使用したスムージー。オーダー後に作るスムージーは口当たり滑らかでとてもフレッシュ！

あぐー豚ソーセージサンド 1320円（ドリンクセット）
あぐー豚のソーセージにパクチーがアクセント。ソースは、シークヮーサー、バイマックルなど4種類から選べる

coral port Grab&Go
空港入ってすぐのところにあるカフェ。島食材のサンドイッチのほか、黒糖カフェラテやさんぴん茶ラテ、オリオン生ビールや泡盛ハイボールも。カウンターに電源があるのもうれしい。　時 9:00～19:00（変動あり）　休 なし　カード 可

下地島空港
MAP 折り込み④A2
時 9:00～19:00（変動あり）　駐車場 あり
URL https://shimojishima.jp/

voice 下地島空港に発着する国内線は、ジェットスター（季節限定運航）とスカイマーク。JALとANAは平良市街地近くにある宮古空港なので注意して。また国際線ターミナルもあり、現在はソウルとの間をジンエアーが結んでいる。

おみやげを手に入れる

お菓子や調味料、アクセサリーや泡盛など、宮古島でも屈指の品揃え。ここでしか手に入らない限定品をチェック！

下地島空港が楽しい！

17 エンド T シャツ
2970 円
下地島の絶景スポット、17 エンドが描かれた T シャツ

スカイマーク×下地島空港 フェイスタオル 1820 円
17 エンドの上を飛ぶ飛行機や宮古島の海がプリントされたフェイスタオル。空港限定アイテム

グラデ大亀 T シャツ
3300 円（キッズ）
大胆なグラデがおしゃれ。大人サイズもあり

シーサーキッズハット
1980 円
シーサーがかわいい日よけ帽子。柔らかい素材なので頭にフィット

17END ブルーゼリー
570 円
17 エンドのクリアブルーをゼリーで表現！

島のみつ 1080 円
宮古島で取れたハチミツは空港限定パッケージ

ハイドロフラスク
4950 円
保冷、保温性能に優れたハイドロフラスクに空港のロゴをプリント。空港オリジナル商品

coral port the Shop

保安検査前と保安検査後、2ヵ所にある品揃え豊富なおみやげ屋さん。島のアーティストのアクセサリーや雑貨も多く、気の利いたおみやげが見つかる。
時 9:00 〜 19:00（変動あり） なし 可

アクティビティを楽しむ

宮古島を代表する絶景、17 エンドがあるのは下地島空港の北。サイクリングで訪れてみてはいかが？

自転車を借りて 17 エンドまでサイクリング

空港のカウンターで自転車がレンタルできる。空港から 17 エンドまでは、20 分ほど。時間と体力に余裕があれば、そのまま反時計回りに、通り池、渡口の浜などを巡るのもいい。

自転車なら車が通れない道が通れる

島時間郵便局
空港内にある、いつ届くか誰にもわからないポスト。絵はがきを購入して（600 円、切手代込み）、急ぎでない思いを伝えたい人に手紙を書こう。

貸し出しは空港インフォメーションカウンターで
電 070-9073-7311（宮古島ひとときさんぽ）
時 9:00 〜 19:00（変動あり）
料 2時間1800円〜、1日3000円〜
20 インチの変速機付き自転車を用意

voice レンタサイクルは、下地島空港で借りて、平良の港町ステーションで返却したり、その逆もできる（別途追加料金）。比較的起伏の少ない島なので、平良↔下地島空港のサイクリングにチャレンジしてみるのもおすすめ。

［南部］

宮古そば まっすぐ
みやこそば まっすぐ

昔ながらの製法を受け継いだ王道の宮古そば

島のおばあから伝授されたレシピを正確に再現し、王道の宮古そばが味わえると評判。カツオをベースに、豚、鶏などから取っただしはコクが違う。

MAP 折り込み②A1　**交** 宮古空港から車で10分　**住** 宮古島市上野字上野437
時 11:00～16:00(L.O.15:30)
休 Instagramで確認　**カード** 可　**駐車場** あり
@miyakosoba.massugu

コクとキレのある極上スープ

1 宮古そば(中) 800円と、三枚肉とソーキがのったまっすぐそば(中) 900円
2 明るい店内。注文はQRコードを読み込む
3 開店と同時に満席になる人気店

これも必食！
うま味たっぷりで大満足！

ジューシー 250円
沖縄の炊き込みご飯。自家製のだしが香る、人気のサイドメニュー。テイクアウトもできる。

行きたい！ 食べたい！
絶品宮古そば

宮古島のランチは地元客でにぎわう食堂がおすすめ。カツオだしが香る宮古そばや、島の食材を使った定食、丼など、食べ応えたっぷりの地元飯でエナジーチャージ！

食べずして帰れない！

［伊良部島］

伊良部そば かめ
いらぶそば かめ

だしと自家製麺が決め手のオリジナルそば

古民家を改装したレトロな風情漂うそば店。自家製ゆし豆腐がのったかめそばや、カツオのなまり節がトッピングされた伊良部島らしいメニューも。券売機でチケットを購入する。

MAP 折り込み④A1　**交** 宮古空港から車で30分　**住** 宮古島市伊良部島字長浜251　**電** (0980)78-5477
時 11:00～15:30(L.O.)
休 不定休　**駐車場** あり

これも必食！
口当たりのいいほろほろ豆腐！

かめそば 850円
自家製のゆし豆腐がのったオリジナルそば。ふわふわの豆腐がだしと絡み、やみつきになる味。

コシのある自家製麺！

1 伊良部島特産のカツオのなまり節をトッピングした伊良部そば 780円
2 古い商店兼住宅をリノベした店
3 伝統を守りつつ新たな味わいも追求

---

voice 昔ながらの宮古そばは、麺の下に具材を隠すのが特徴。理由は「隣の人と肉の大きさを比べられないように」とか「贅沢をしているのがわからないように」とか「具材の上にサービスで麺を追加したため」など諸説ある。

遊び方

絶品宮古そば

カツオが香る
あっさり豚骨スープ

平良郊外
古謝そば屋
こじゃそばや

**行列必至！
創業90年の老舗店**

開店直後から行列ができる宮古島随一の人気店。隣接する製麺所で打つ麺は、コシのあるストレート麺。豚とカツオから取ったスープが麺に絡み箸が止まらない！

MAP P.94B3
交 公設市場から車で約6分
住 宮古島市平良字下里1517-1
電 (0980)72-8304
時 11:00〜L.O.16:00　**休** 水曜
駐車場 あり　**URL** kojasoba.com

これも必食！
じっくり煮込んだ逸品

**なかみそば
880円**

「なかみ」とは豚の内臓のこと。ていねいに処理した豚モツはプルプルとした食感。シイタケとコンニャクを加え食べ応え十分。

1 店舗の一角では麺やつゆを販売している
2 木のぬくもりに包まれたカフェのような店内
3 肉の食感をしっかり楽しめるソーキそば 880円

存在感たっぷりの
ソーキに
かぶりつく！

南部
丸吉食堂
まるよししょくどう

豚のうま味をじっくり引き出すスープが評判

親子2代にわたって伝統の味を守る、1967年創業の宮古そば専門店。人気のソーキそばやてびちそばのほか、麺の下に具材を隠すという昔ながらの宮古そばを味わえる。

MAP 折り込み②C1　**交** 宮古空港から車で約15分
住 宮古島市城辺字砂川975　**電** (0980)77-4211
時 10:30〜14:00(麺がなくなり次第終了)
休 火・金曜　**駐車場** あり

1 麺の下に豚肉とかまぼこが隠れた元祖、宮古そば 600円
2 テーブルにはコーレーグースのほか七味とカレー粉があるのでお好みで
3 一番人気は大ぶりのあばら肉がのったソーキそば 1300円

平良市街地
じんく屋
じんくや

麺の風味が
やみつきに！

満足度120％のボリュームも魅力的

地元客でにぎわう製麺所直営の食堂。宮古そばは平打ちの細麺に豚とカツオの風味が利いたスープが絡む。宮古そばにご飯とポークフライが付いた宮古そば定食900円が人気。

MAP 折り込み①C3　**交** 公設市場から車で約1分
住 宮古島市平良字下里84　**電** (0980)73-4017
時 11:00〜15:00(L.O.14:30)　**休** 日・月曜
駐車場 あり　@hisamatsuseimen-jinkuya

1 野菜炒め定食や豆腐チャンプル各850円など定食も人気メニュー
2 通信販売を行っており自宅で店の味が楽しめると好評だ
3 大きな三枚肉とカマボコがのった宮古そば 700円

宮古そばは、平打ちのストレート麺に豚肉とカツオ節から取ったあっさりスープを合わせるのが一般的。具材には三枚肉とカマボコ、ネギをトッピングする。ただし最近ではモチモチの太麺や鶏ガラスープを使う店も増えている。

素朴でおいしい島の味
島食堂でおなかも心も満たされる

家庭的な沖縄料理に近海の海の幸。
島の食堂は宮古島の味覚の宝庫。
島人にも愛される、
素朴でおいしい島の食堂はここ！

平良郊外

島とうふ 春おばぁ食堂
しまとうふ はるおばぁしょくどう

半世紀以上愛される豆腐を味わう

オーナーのお母さんである春さんが、50年以上前から作っていた島豆腐が人気。ランチは宮古そばを、夜は沖縄家庭料理を提供する。宮古そばといえば通常カツオだしだが、こちらでは豚だしも用意しているのがユニーク。奥深いコクのあるスープが美味。

春おばぁ定食 1800円
（ぶたたし変更＋100円）
宮古そばにじゅーしー、おぼろ豆腐
小鉢がついたセット（ランチ限定）

左／ふわふわとしたゆし豆腐がたっぷり乗った、まごゆし豆腐そば1200円　右／明るい光が差し込む居心地のいい座敷席

MAP P.94C3　宮古空港から車で7分　宮古島市平良下里3107-140　(0980)79-5829　11:30～15:00(L.O.14:30)、17:00～22:00(L.O.21:00)　水曜の夜は休み　カード可　駐車場あり

店は伝統的な沖縄の家屋スタイルである赤瓦の平屋

平良郊外

みなと食堂
みなとしょくどう

島の特産品を活用した地元客も通う実力店

近海で水揚げされたカツオのアラから取った、うま味あふれるだしが評判。コシの強い麺は併設の製麺所で打っており、のど越しも軽やかだ。特産のアーサを練り込んだアーサそばは、食べると磯の香りが広がる逸品。

右／廃棄されるカツオのアラを活用しフードロスにも貢献　下／荷川取漁港に隣接するため漁業関係の常連も多い

MAP P.100B3　宮古空港から車で15分　宮古島市平良荷川取593-10　(0980)72-2755　11:00～16:00(L.O.15:30)　水曜　駐車場あり

鰹塩アーサそば（並）**950円**
アーサご飯 230円
アーサの香りが食欲をそそる一杯。残ったスープに、ご飯を入れてお茶漬けに！

voice　春おばぁ食堂で使われている豆腐は、公設市場内にある「まごとうふ」（→P.98）で製造されている。「まごとうふ」では豆腐をはじめスイーツやドリンクの販売もあるのでチェックして。

遊び方

島食堂でおなかも心も満たされる

タコ炒めそば 1350円
タコ丼 1350円
狩俣漁港で揚がった鮮度抜群のタコは歯応えがよく食欲を刺激する

北部
すむばり食堂
すむばりしょくどう

地元の漁師から仕入れる島ダコ料理

池間大橋の手前にある食堂。もともとは近隣で働く人のためにオープンしたが、クチコミでたちまち話題に。名物はなんといっても島ダコをたっぷり使った料理。甘辛く炒めた島ダコはうま味たっぷり。島ダコとアーサをふんだんにのせた宮古そばは唯一無二の味わいだ。

上／島ダコのスミを使った黒いスープが印象的。墨入りタコそば1010円　中／宮古そばのほか定食も豊富に揃う　下／島ダコの入荷がない日もあるので注意して

MAP P.100B2
交 宮古空港から車で25分
住 宮古島市平良字狩俣768-4
電 (0980)72-5813
時 10:30～15:00
休 日曜　駐車場 あり

伊良部島
おーばんまい食堂
おーばんまいしょくどう

漁協直営ならではの海鮮が自慢

伊良部島の佐良浜漁港にある食堂。伊良部漁協直営で、その日に揚がった鮮度抜群の魚介がリーズナブルに味わえる。佐良浜特産のカツオはぜひ味わいたい。加工品やTシャツなどの販売もある。

セルフスタイル式の食堂。ランチタイムは早めに訪れよう

海鮮丼 1300円
特製だれがかかったマグロ、カツオ、イカなどその日の海鮮がたっぷり

港に面したカラフルな建物

MAP 折り込み④B2　交 宮古空港から車で30分
住 宮古島市伊良部 佐良浜漁港内　電 080-6485-0853
時 11:00～14:30　休 火曜　駐車場 あり

おーばんまいとは、伊良部の方言で大盤振る舞いという意味。毎年2月頃、佐良浜ではおーばんまい（大漁祭り）が実施される。カツオ漁船の船首から岸に向かってカツオやシビのぶつ切りを投げる豪快な祭りだ。

65

定番沖縄料理から自然派ワイン＆魚料理専門店まで
平良で話題のレストラン

多彩なジャンルの飲食店が揃う、宮古島随一の歓楽街平良。
なかでも味、雰囲気ともにハイレベルな予約必須の人気店をご紹介。

平良市街地
うまいもの酒場 芳野商店
うまいものさかば よしのしょうてん

質と味にこだわった"家庭料理"

美食家で知られるオーナーの"お母さん"の味を、生まれ育った玄界灘の魚介や島の新鮮な食材を使って一流の料理人が再現。どこか懐かしく、ほっこりする味わいの家庭料理のほか、定番沖縄料理も取り揃えておりビールが進む。鮮度抜群のモズクは必食！

❶らふてい980円、芳野家の鶏唐揚げ730円、本日のちゃんぷるー770円など、沖縄料理と家庭料理のミックス ❷名物！こぼれまぐろ刺し980円。うま味の強い赤身がたっぷり！ ❸小上がり、カウンター、座敷がある。子供連れもウエルカム

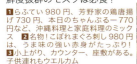

MAP 折り込み①C3　**交** 公設市場から徒歩4分　**住** 宮古島市平良下里567-6　**電** (0980)79-7284　**時** 18:00～23:00　**休** 水曜　**カード** 可　**駐車場** なし

平良市街地
フィッシュタヴェルナサンボ
ふぃっしゅたう゛ぇるなさんぽ

魚をおいしく食べることに情熱を注ぐ

岩手県で漁師の家庭に生まれ、宮古島に移住後はダイビングインストラクター、イタリア料理店を経て独立。魚の魅力に取り付かれ、日夜料理法の研究に励むかたわら自ら取った魚もメニューに並ぶ。料理は7000円のコースのほかアラカルトも用意。

❶鮮魚のカルパッチョは2800円（2名～）。一品ずつ調理法を変え提供 ❷ヘビ貝のアヒージョ1870円。フォカッチャ500円とともに ❸船をイメージした落ち着いた店内

MAP 折り込み①D3　**交** 公設市場から徒歩11分　**住** 宮古島市平良西里529-1　**電** (0980)73-2711　**時** 18:00～23:00(L.O.21.00)　**休** 水曜　**カード** 可　**駐車場** あり

遊び方

平良で話題のレストラン

平良市街地
カフェ ウエスヤ
かふぇ うえすや

街なかの隠れ家で
島素材のアジアン料理に舌鼓

入口の階段を下ると緑に包まれた中庭、その奥にひっそりたたずむレストランはまさに隠れ家という言葉がぴったり。ランチタイムは Asian 宮古そば 1200 円など、ディナータイムはアジアンテイストの一品料理を自然派ワインと合わせて楽しめる。

中庭がステキ！

1 アペタイザーにぴったりなエビトースト 900 円 **2** 街なかとは思えない、静かな空間が広がる **3** つい長居してしまう、居心地のいい店内

MAP 折り込み①B2 **交** 公設市場から徒歩4分 **住** 宮古島市平良下里43 **電** (0980)73-5286 **時** カフェ 11:30〜14:00(L.O.13:30)、ディナー 18:30〜22:30(L.O.21:30)、月・火・金・土曜のみ営業) **休** 水・木曜 **カード** 可 **駐車場** なし

平良市街地
ツマンデ呑める
みやこパーラー ハイサイ！
つまんでのめる みやこぱーらー はいさい！

ワイワイガヤガヤ楽しめる、ネオ沖縄料理

店内中央に置かれたU型のカウンター、活気あふれるオープンキッチン、沖縄料理をベースに創意工夫された料理の数々。楽しく食べて大いに飲める、居心地のいい店。自分でサトウキビを搾って作るサワーなど楽しい体験も人気。

ラフテーの炊き込みごはん！

カツオのレアカツ〜ニラ醤油をソエテ〜 880 円

1 前菜5種盛り合わせ 1750 円、島たことブロッコリーのアヒージョ 880 円、カツオヲ漁師だれデ 880 円など **2** 土鍋で炊き上げるジューシー島豚のラフテー 1380 円は40分ほどかかるので早めにオーダー **3** テーブル席や小上がりもある。人気店なので予約は必須

MAP 折り込み①C3 **交** 公設市場から徒歩4分 **住** 宮古島市平良下里601 ちゅらハウス1F **電** (0980)79-6633 **時** 17:00〜24:00 **休** なし **駐車場** なし

67

島生まれの希少な黒毛和牛を追い求めて
幻の宮古牛が食べたい！

寒暖差の少ない島の温暖な気候で育った牛はストレスがなく極上の肉質と評判。
肉のうま味を存分に味わえるお店はここ！

焼ける音もおいしそう♪

宮古牛って？
多良間村を含む宮古地域で15ヵ月以上肥育された黒毛和種のこと。年間約5000頭の子牛が生まれるが、96％が子牛のうちに出荷され各地の有名ブランドの牛として名を変えるため、宮古牛として味わえるものは200頭ほどとごくわずか。

【平良市街地】
ユキシオステーキ。
ゆきしおすてーき

熟練のシェフが焼き上げる極上の肉にうっとり

厳選した宮古牛を目の前の鉄板で焼き上げる、シェフの華麗な腕前を見ながら食事を楽しめる、高級感あふれるレストラン。昼も夜もコース料理がメインで昼はリーズナブルに、夜は泡盛や豊富なワインとともに優雅なディナー（セット 6600 円〜）が楽しめる。予約して訪れたい。

がちまやーランチ 6600円
宮古牛のステーキ100gに、島野菜のサラダや、日替わりの海鮮、ゆし豆腐の味噌汁が付いたランチ限定のコース

左／目の前で繰り広げられるパフォーマンスも楽しい　右／鉄板を囲むコの字型のカウンター席

こちらもおすすめ！
宮古牛ハンバーグランチ 3300円
宮古牛100％使用。肉は和牛のみを使用しているため、軟らかくうま味が凝縮。ランチタイムの人気メニュー。

MAP 折り込み①A4　**交** 公設市場から車で5分
住 宮古島市平良字久貝654-12　**電** (0980)79-7978　**時** 11:00〜15:00(L.O.14:00)、17:00〜22:00(L.O.21:00、6〜8月は〜23:00、L.O.22:00)
休 なし　**駐車場** あり

宮古牛はふるさと納税の返礼品でも人気。ステーキ用だけでなく、焼肉、すき焼き用などさまざまな部位があるので検索してみよう。

遊び方

幻の宮古牛が食べたい！

Boccaバーガー 1950円
＋サイド・ドリンクセット 800円
宮古牛のパテと自家製バジルソースが好相性。バンズの底はガーリックトーストになっていて、スープと一緒に召し上がれ。

平良市街地

Bocca burger
ぼっかばーがー

粗挽きのパティから肉汁があふれだす

宮古牛を100％使用したハンバーガー専門店。自家製にこだわり、バンズやソース、コーラにいたるまで店のオリジナル。サイドメニューは地元産の野菜をからりと揚げた、島野菜の素揚げがおすすめ。デザートやアルコール類も充実している。

青を基調とした店内。キッズメニューもあるので家族連れもOK

MAP 折り込み①A4　**交** 公設市場から車で5分　**住** 宮古島市平良字久貝654-6　**電** (0980)79-0300　**時** 9:00～16:00 (L.O.15:30)、17:00～20:00 (L.O.19:30)　**休** なし　**駐車場** あり

平良市街地

ダグズ・バーガー 宮古島本店
だぐず・ばーがー　みやこじまほんてん

極上の多良間牛を惜しみなく使用

多良間島で育てられた黒毛和牛で作ったプレミアムバーガーが人気。シングルの多良間牛バーガーなら2110円～味わえる。創業者が惚れ込んだ、宮古島近海で取れたキハダマグロを使ったツナステーキバーガー1690円もおすすめだ。ホテル・ローカス内や池間島にも支店がある。

カウンター6席とテーブル席16席がある

ダグズ・プレミアム多良間牛
DO.W.A.T.チーズバーガー
〈LAVA〉5080円
多良間牛のパテを天然酵母で仕込んだ特注バンズで挟んだ絶品バーガー。1041円プラスでドリンク、サイド付きに。

MAP 折り込み①D4　**交** 公設市場から車で5分　**住** 宮古島市平良下里1153-3-101　**電** (0980)79-0930　**時** 11:00～20:00 (L.O.19:30)　**休** 第3水曜　**駐車場** あり

多良間牛は(株)ダグズ・バーガーの登録商標。宮古列島の多良間島で生産された黒毛和牛のことで、軟らかく味わい深い肉質が特徴だ。

ゆっくりと流れる島時間に身をゆだねて
島のくつろぎカフェでひとやすみ

まっ青な海と白砂のビーチを望む絶景カフェや、ジャングルにいるかのような隠れ家カフェ。絶景のなかで、島らしい時間を過ごして。

北部
HARRY'S Shrimp Truck
はりーず しゅりんぷ とらっく

海に囲まれた芝生でピクニック気分

風光明媚な西平安名崎にある黄色いスクールバスが目印。ハワイ、ノースショアの名店を巡り、研究を重ねて作り上げたガーリックシュリンプに、泡盛など島の味覚を加えた一皿を提供。購入したガーリックシュリンプは、イートインスペースか芝生で食べられる。

1 真っ青な海の眺めを楽しみながらいただこう 2 いちばん人気のバターガーリック 1595円 3 パラソルとレジャーシートを借りてピクニック気分 4 店舗はアメリカからやってきたスクールバス

MAP P.100A1　交 宮古空港から車で20分
住 宮古島市平良狩俣358-1 西平安名岬展望台前
電 (0980)72-5610　時 11:00〜17:00　休 なし
カード 可　駐車場 あり

平良郊外
Blue Turtle Farm & Mango Cafe
ぶるー たーとる ふぁーむ&まんごーかふぇ

緑豊かな農園のなかにたたずむ隠れ家カフェ

ゾウガメもいるよ!

20代の若者が中心となってマンゴーをはじめフルーツや野菜を生産するマンゴーファーム内にあるカフェ。うっそうとした緑に包まれたカフェはジャングルのなかのよう。自家農園で生産されたマンゴーやロコモコなどの軽食が味わえる。

1 屋上のフォトスポットで写真を撮ろう 2 緑を眺めつつゆったり過ごせる店内 3 季節の野菜とファームのロコモコ、自社農園マンゴーのアサイーボウル、マンゴーパフェ 各1500円

MAP P.102A1　交 宮古空港から車で1分
住 宮古島市平良松原1760-3　電 (0980)79-7274
時 11:00〜L.O.17:30
休 なし　カード 可　駐車場 あり

voice HARRY'S Shrimp Truck のガーリックシュリンプはソースがとてもおいしい。ご飯は2スクープついてくるが50円で1スクープ追加が可能なので、追加して最後の1滴まで味わうのもいい。

70

遊び方

島のくつろぎカフェでひとやすみ

伊良部島
Blue Turtle
ぶるーたーとる

目の前に広がる海を楽しむビーチサイドカフェ

白砂が美しい渡口の浜に面したカフェ。打ち寄せる波の音を聞きながら、宮古牛を使ったメニューやフルーツスムージー、カクテルなどを味わえる。テラス席は水着での利用もOK。シャワーもあるので、海水浴の合間の利用にも便利。

MAP 折り込み④B2　交 下地島空港から車で5分　住 宮古島市伊良部伊良部1352-16　電 (0980)74-5333　時 11:00～17:00(ランチL.O.16:00)、17:00～L.O.21:00　休 なし　カード 可　駐車場 あり

❶宮古牛ハンバーグカレー 1980円（ランチタイム）、ドラゴンフルーツバナナスムージー 800円、生マンゴージュース 900円 ❷海を望む心地いいテラス席 ❸リゾートホテルのような真っ白な外観

来間島
AOSORA PARLOR
あおそら ぱーらー

気分が上がる！
ナチュラル＆カラフルスムージー

島産の素材を中心に、シロップや豆乳などもオーガニックにこだわる。注文を受けてから作るスムージーはフレッシュで素材そのもののおいしさが凝縮。広々としたガーデンでのんびり過ごせるのもいい。

MAP 折り込み⑤B1　交 宮古空港から車で15分　住 宮古島市下地来間104-1　電 (0980)76-3900　時 10:00～18:00(変動あり)　休 不定休(Instagramを確認)　カード 可　駐車場 あり
@aosoraparlor

❶鮮やかな黄色の建物。奥に庭がある ❷宮古島産マンゴースムージー 850円、ブルースカイ 720円

伊良部島
國仲商店
くになかしょうてん

自家焙煎コーヒーを
片手に庭でのんびり

約2万坪の広大な敷地に立つおしゃれカフェ。明るい店内で、自家焙煎のコーヒーやフルーツジュース、手作りパンなどを味わえる。2021年からコーヒー栽培を始めており、伊良部島産コーヒーが飲める日も近いかも♪

MAP 折り込み④A2　交 下地島空港から車で5分　住 宮古島市伊良部国仲531-1　電 (0980)79-0181　時 8:00～19:00　休 なし　カード 可　駐車場 あり

❶広々としたガーデンにもテーブルが並び、のどかな雰囲気 ❷ショーケースに手作りのケーキやサンドイッチなどが並ぶ ❸人気の黒糖ラテ 600円と宮古島パッションソーダ 610円

---

voice　Blue Turtleはスムージーを含めドリンクのテイクアウトができる。マンゴーをたっぷり使用した生マンゴースムージーや生パッションフルーツジュースなどをテイクアウトしてビーチでくつろいでみては？

♡ 見た目もキュートなスイーツでほっと一息

島スイーツコレクション

生いちごソースピスタチオ 1800円

濃厚なイチゴのソースのかき氷の中に隠れた、
ピスタチオアイスと絶妙の相性

ロウ・カカオ・ボウル 1100円
パッショネイド 800円

スーパーフードで知られるカカオニブと
グラノーラを使ったボウルと自家製のパッションソーダ

来間島

果き氷 海莉
（かきごおり かいり）

島のフルーツをかき氷に託して

かき氷をこよなく愛する店主が、島で取れる四季折々の果物を使って作るかき氷専門店。フルーツを贅沢に使い手間暇かけて作り上げたかき氷はどれも珠玉の味わい。メニューは季節ごとに変わるのでチェックして。

MAP 折り込み⑤B1 **交** 宮古空港から車で25分 **住** 宮古島市下地来間9
☎ 090-9494-1173 **時** 11:00～17:00
休 Instagramを確認 **駐車場** あり
◎ @kairi_kurimajima

ソファ席やテーブル席がありくつろげる

平良市街地

BYID juice bar
（ばいあでぃー じゅーす ばー）

スパイスやハーブが織り成すハーモニー

バーテンダーの経験をもつオーナーが、島のフルーツをベースに、スパイス、スーパーフードを巧みに組み合わせ、洗練された味わいのドリンクやスイーツを提供。スムージーやクラフトコーラも登場する。

MAP P.102B1 **交** 宮古空港から車で8分 **住** 宮古島市平良西里1886-1（HOTEL LOCAL BASE内） **時** 10:00～17:00 **休** 月曜（不定休あり）
駐車場 あり ◎ @byid_juice_bar

ホテル・ローカル・ベース併設のしゃれた空間

---

voice 宮古島のマンゴーの旬は6〜8月。この時期に訪れると、生のマンゴーが味わえるが、その他の時期でも冷凍されたものがあるので、スムージーなどは通年味わえる。

72

遊び方

島スイーツコレクション

フルーツやサトウキビなど、島の素材を使った見た目もかわいいスイーツで、ひんやりリフレッシュ。

虹色パフェ
950円

数種類のアイスと旬のフルーツをたっぷり使ったパフェ。
カラフルな色合いがハッピーな気分に♪

黒蜜きなこ
800円（ホイッププラス）

ふわふわのかき氷に、
宮古島産黒蜜シロップときなこがかかった優しい味わい

南部

アイスクリンカフェ Mi-ma
あいすくりんかふぇ　みーま

口溶けのよいアイスクリームでリフレッシュ

沖縄で40年以上愛されている、添加物を加えずに作った優しい味わいのアイスクリンが味わえるカフェ。常時10種類の以上のフレーバーを用意。ソーキそばやタコライスなど軽食もある。

MAP 折り込み②A2　**交** 宮古空港から車で20分　**住** 宮古島市上野宮国575-2
電 070-2792-8454　**時** 11:00～17:00
休 水曜（Instagramを確認）　**駐車場** あり
@ @icecrean.cafe_mima

オーダーしたあと、屋外のテラス席で召し上がれ

南部

ぐるぐるめんや
ぐるぐるめんや

ゆったり流れる優しい時間も魅力

「宮古うずまきそば」で知られるカラフルなそばが名物の製麺所に併設のカフェ。人気メニューは口に運ぶとふわっと溶けていく、軟らかな口当たりのかき氷。シロップや練乳も自家製で、滋味あふれる。

MAP 折り込み②D1　**交** 宮古空港から車で20分　**住** 宮古島市城辺字友利306-5
時 営業時間、休日はInstagramを確認　**駐車場** あり　**@** @gurugurumenya

かき氷は夏期限定のメニュー

 近年、冬の宮古島の味覚として人気急上昇中の宮古島メロン。12～2月、4～5月の2回収穫期を迎える宮古島メロンは糖度が高く、ギフトにも最適だ。島の駅みやこでは、12～2月に「メロメロメロン島」というイベントを開催している。

一緒に歌いましょう♪

みんなでカチャーシー♪

宮古の夜を踊り明かす！
島唄ライブに行ってみよう

平良市街には島唄を聞きながら沖縄料理を味わえる、民謡居酒屋がいくつもある。三線の音色と泡盛に酔う心地よい時間。今宵はどの店へ？

独特の裏声歌唱と胸をかきたてるメロディ

　日が暮れてから平良市街を歩くと、どこからともなく三線の音が流れてくる。引き寄せられるように店へ向かうと、店内には唄三線に合わせて盛り上がるお客さんたちの姿が。三線が奏でる旋律は情緒にあふれ、方言による唄声が心地よく耳に響く。平良市街にはそんな民謡居酒屋が10軒近くあるが、どの店も人気で予約は必須。特に繁忙期は早めに予約をしておいたほうがいい。宮古民謡にこだわっていたり、唄者のオンステージだったり、お客さんも巻き込んだライブだったり、店によって個性があるので2軒、3軒と試して好みの店を探してみるのも楽しい。

島唄楽宴　ぶんみゃあ
（しまうたらくえん　ぶんみゃあ）

島民にもファンが多い元祖島唄居酒屋

　2000年に宮古島初の島唄居酒屋としてオープン。店内にはオリジナルTシャツを着ている常連客も多い。ライブが始まると舞台に立つのは、オーナーでもある「まさ坊」こと古謝正行さん。軽やかな三線の速弾きで、観客を一気に引き込む。それもそのはず、古謝さんは三線の名手として全国的に知られ、アルバムもリリースしている実力派なのだ。ときに観客をも巻き込む軽妙なトークも楽しみ。上質なエンターテインメントを堪能したい。

左／聞いていて気持ちがいい、古謝さんの三線速弾き
上／サンエーのテーマで盛り上がる！

島唄ライブ Q&A

Q. 予約は必要？
A. 予約が必須
人気店は早々に予約でいっぱいに。旅行の日にちが決まったら早めに予約を。

Q. ライブチャージは？
A. 別途必要
店によるが数百円程度のライブチャージがかかる。

Q. ライブの時間は？
A. 40〜50分程度
だいたい第1部が19時頃始まり、第2部が20時30分頃始まる。入れ替え制ではないので通していてもいい。

Q. 食事はどうする？
A. 飲み食べながら観賞
ライブ中もオーダー＆飲食OK。リラックスして楽しもう。

MAP 折り込み①C2　**交** 公設市場から徒歩5分　**住** 宮古島市平良西里220 ABAビル 3階　**電** (0980)73-2487　**時** 要問い合わせ　**休** 日曜　**駐車場** なし

民謡居酒屋は入れ替え制ではないが、1部の時間が満席でも2部の時間には空席があることも。予約が取れなかった場合は、2部の時間に合わせて電話をしてみるとよい。

遊び方

島唄ライブに行ってみよう

郷家(ごーや)
子連れファミリーも多い開放的な雰囲気

毎晩、予約でいっぱいの人気店。長テーブルから丸卓や座敷、掘りごたつなどさまざまな席を用意し、小さな子供連れは優先的に座敷や丸卓に案内してくれる。定番の沖縄料理はもちろん、つまみやアレンジ料理が充実しているのも魅力。ライブでは太鼓のリズムに合わせて、華やかな唄三線が観客を盛り上げる。最後はスタッフも観客も一緒にカチャーシー!

毎晩、熱気でいっぱい

左上／情緒豊かな歌声と三線の音色が宮古島の夜を盛り上げる　左下／136席を用意しているが、人気店なので予約は必須　右／広々とした店内は、どの方向からもステージが見やすい

MAP 折り込み①D3　**交** 公設市場から徒歩約10分　**住** 宮古島市平良字西里570-2　**電** (0980)74-2358　**時** 17:30～22:00(L.O.21:00)※ライブ19:00～　**休** 木曜、不定休　**料** ライブチャージ500円　**カード** 可　**駐車場** あり　**URL** zumi-goya.com

島唄居酒屋 喜山(しまうたいざかや きやま)
宮古島を五感で味わう、こだわりの店

宮古島ならではの民謡を聞いてほしいという信念のもと、島に伝わる民謡「くいちゃー」を聞かせる居酒屋。島の食材を使った沖縄料理を、やちむん(沖縄の焼き物)の食器で出してくれる。ライブは1日に3回開催され、1・2回目は宮古民謡だが、最後の回には直前まで調理場に立っていた料理長が登場(不定期)。速弾き三線の爆笑ライブが名物になっている。

島に伝わる宮古民謡を!

左／素材感を生かした特注のテーブルが居心地のよい店内　右上／宮古民謡の第一人者、與那城美和さんの唄が聞ける　右下／定番の沖縄料理も味に自信あり

MAP 折り込み①C2　**交** 公設市場から徒歩約5分　**住** 宮古島市平良字西里244　**電** (0980)72-6234　**時** 17:00～24:00(L.O.23:00)※ライブ18:30～、20:00～、21:30～(不定期)　**休** 火曜　**料** ライブチャージ600円　**カード** 可　**駐車場** なし　**URL** www.kiyama8131.co.jp

島唄楽園 美ら美ら(しまうたらくえん ちゅらちゅら)
常連客に愛されるアットホームな店

島民が「一緒に歌って踊って楽しみたいなら」とおすすめする店。こぢんまりとした店内には島民や常連客が多く唄者との息もぴったり。お客さんもステージに立って歌っちゃう、まさに参加型のライブを楽しめる。宮古民謡からポップスまでリクエストにも応じてくれる。

店内は座敷のみ。唄者との距離が近いのも魅力

MAP 折り込み①C2　**交** 公設市場から徒歩約5分　**住** 宮古島市平良字西里182　**電** (0980)73-3130　**時** 18:00～24:00※ライブ19:30～、21:00～　**休** 月曜　**料** ライブチャージなし　**URL** www.chu-zan.jp/churachura.html

うさぎや 宮古島店(うさぎや みやこじまてん)
三板を鳴らしてライブに参加しよう

宮古民謡から琉球ポップスまで幅広い選曲で初心者でも楽しめる店。ライブ中盤ではエイサー太鼓も披露され迫力満点。定番沖縄料理のほか、宮古牛なども味わえる。伝統的な沖縄の古民家を再現した店内で、食べて飲んで、歌って踊れる楽しい店だ。予約は早めにいれておこう。

楽器を鳴らして一緒に盛り上がろう

MAP 折り込み①C3　**交** 公設市場からすぐ　**住** 宮古島市平良字下里2　**電** (0980)79-0881　**時** 17:00～24:00　**休** なし　**料** ライブチャージ700円　**カード** 可　**駐車場** あり

voice 民謡居酒屋のライブが盛り上がるかどうかはお客さん次第。ノリが悪かったり、お客さんが少な過ぎて盛り上がらなかったりすることもあるので、満足できなかったら別の日に再訪してみるとまったく違う雰囲気ということも。

島の珍しい食材が勢揃い！
あたらす市場 ワンダーランド

島の農産物や特産品が集まる「あたらす市場」。四季折々の野菜や果物がずらりと並び、なかには初めて目にする食材も。島の食材を手に入れて、島料理にチャレンジしては？

ウリズン豆 180円
サヤインゲンのような味わいの豆。天ぷらやきんぴらにするほか、新鮮なものは軟らかいので、さっとゆでてマヨネーズをつけても美味！

パパイア 200円
しゃきしゃきしておいしい
島では熟していない青パパイアを食べる。甘味はなくさっぱりとした味わい。炒めて、パパイアチャンプルーにしてどうぞ。

バターナッツ 180円
まるでバターやナッツのようなコクがあるかぼちゃ。鮮やかなオレンジ色を生かしてスープにしたり、グラタンにして。
濃厚で甘味が強い

見た目はレモンみたい

ミズレモン 380円
パッションフルーツの仲間。実を半分に切って中の種とその周辺のゼリー状の部分を食べる。

モーウイ 230円
沖縄でよく食べられるきゅうりの一種。みずみずしくしゃきしゃきとした食感。そのまま甘酢に漬けたり、炒めて食べる。
完熟したものは煮物にも

島豆腐 380円
豆腐チャンプルーでおなじみ、島の豆腐。固いので炒めても崩れにくい。島の豆腐は本土の2〜3倍の大きさ！

島バナナ 540円
9〜10月に旬を迎える島バナナ。輸入のものと違い自然な甘さが魅力。島でも人気なので見かけたら即ゲット。

宮古そば(麺) 260円 + 宮古そば(つゆ) 210円
鍋さえあれば簡単に沖縄そばができる宮古そばとスープ。名店古謝そばの味を再現してみて。ラフテーも真空パックで売られていて便利。

島でも珍しいよ

シャボチカバ 160円
熱帯のぶどうといわれる果物。味も野性的なぶどうという感じ。冷蔵庫で冷やしてそのまま生食で。種があるので気をつけて。

千代ちゃんの手作りジーマミー豆腐 842円
ジーマミー豆腐（ピーナッツ豆腐）ができるキット。すりつぶさなくてはならないので旅先では難しいけど、簡単なのでぜひ自宅で試して。

あたらす市場
JAが運営する農産物直売所。ゴーヤやトウガン、アロエなどの島野菜がずらりと並び、見ているだけでも楽しい。総菜や調味料なども揃うので、お弁当やおみやげ探しにも。

MAP P94C3　**交** 宮古空港から車で約7分　**住** 宮古島市平良西里1442-1
電 (0980)72-2972　**営** 9:00〜18:00　**休** 第4水曜　**駐車場** あり

OMIYAGE

スーパーで買う沖縄みやげ

バラマキみやげも自分みやげも揃う！

独自の食文化をもつ沖縄では、スーパーに並ぶ食材だけでなく、調味料からレトルト食品、お菓子にいたるまで、本土では見かけないものがいっぱい。買って帰って自宅で沖縄気分♪

あたらす市場 ワンダーランド／スーパーで買う沖縄みやげ

沖縄そば5食 428円
スープと麺がセットになったインスタント麺。手軽に沖縄気分♪

だし付き沖縄そば3食 238円
スープ付き。ラフテーやカマボコをのせれば本格的に

宮古島シティ サンエー食品館
みやこじましてぃ さんえーしょくひんかん

宮古空港近くにあるショッピングセンター。フロアの半分近くを占めるサンエー食品館は品数豊富で見ているだけで楽しい！

MAP P.102A1
交 宮古空港から車で1分
住 宮古島市平良下里2511-43
電 (0980)73-8800　時 9:00～22:00
休 なし　カード 可　駐車場 あり

魚屋のてんぷら粉 349円
ふんわりした衣が特徴の沖縄風てんぷらが簡単にできるてんぷら粉

揚げたてがたまらない！

サーターアンダギーミックス 238円
卵と油を加えて揚げれば、サーターアンダギーのできあがり

宮古ブルーナッツ 5連 420円
3種の味のナッツミックス。宮古島の絶景がプリントされたパッケージもいい

タコライスの素 438円（3食入り）
タコスミートとソースのセット。タコスミートは湯煎で温めるだけと手軽

多良間島産粉状黒糖 468円
多良間島で作られた黒糖。優しい甘味で料理に使うとコクが出る

沖縄風ぜんざい 128円
金時豆、押し麦の入った沖縄風のぜんざいの素。黒糖の優しい甘さが特徴

沖ハム じゅーしぃの素 268円
お米と一緒に炊飯器に入れて炊くだけで沖縄風じゅーしぃの完成

沖ハム うちなーポーク 298円
沖縄県産の豚肉を使用したランチョンミート

かちゅー湯 148円
カツオ節をたっぷり使ったインスタントみそ汁。疲れた体に染みわたる！

遊び方

 サンエーシティには、エディオン、無印良品などがあり、充電ケーブルやビーチ用のタオルなど、ちょっとした忘れ物の調達に便利。

77

8つのホテルと30を超えるレストランが揃う一大リゾート

シギラセブンマイルズリゾートで
バカンスを100％満喫！

宮古島南部の風光明媚なコーストライン。広大な敷地にラグジュアリークラスからカジュアルタイプまで、多彩な宿泊施設が揃っている。ひとつの町のような広大なリゾートで、のんびり休暇を満喫してみては？

シギラセブンマイルズリゾートってどんなとこ？

宮古島の南部、風光明媚な海岸線沿いに東西7マイル（約11km）にわたり広がる広大な敷地に、8つのホテルと30を超えるレストラン、プール、温泉、ゴルフ場などのアクティビティ施設を備える一大リゾート。専用バトラーが常駐しアクティビティやカクテルサービスがオールインクルーシブで楽しめるラグジュアリーヴィラから、キッチンや洗濯機を完備し長期滞在にも便利なコンドミニアムまで多彩なホテルがあり、希望のスタイルの休日が過ごせる。沖縄料理から本格イタリアンまで食事の選択肢は多く、しゃれたアイテムを扱うショップも。宿泊しなくても楽しめる施設がいっぱい！

シギラセブンマイルズリゾート
MAP 折り込み②A2〜C2　宿泊予約センター
☎0570-550-385　URL https://shigira.com/

アクセス

宮古空港から
施設により多少異なるが、レンタカーで約15分。空港からホテルまでシャトルバスが出ている。空港に到着したら到着出口にあるシャトルバスカウンターへ（予約不要）。ホテルから空港までのシャトルバスは、前日までにホテルで予約する。

下地島空港から
レンタカーで約50分。または中央交通の「みやこ下地島エアポートライナー」を利用する。所要1時間10分、1200円。飛行機の発着に合わせて運行する。

リゾート内の移動
16:30〜22:00頃までは、リゾート内10ヵ所の停留所を、およそ20分ごとにシャトルバスが巡回する。それ以外の時間は、フロントで送迎を依頼する。

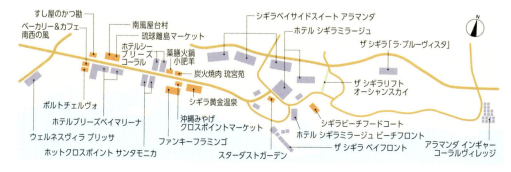

ホテル一覧

リゾート内には趣向の異なるホテルが8つある。それぞれに個性が違うので、滞在スタイルで選んで。

シギラセブンマイルズリゾートでバカンスを100%満喫！

最上級プライベートヴィラ
ザ シギラ
The Shigira

温水プール、ジェットバス、デイベッドを備えた最上級ヴィラ。バトラーが常駐し、朝夕の食事、温泉利用やゴルフプレイ、エステなどが含まれるオールインクルーシブスタイル。

全室51㎡以上のラグジュアリー空間
ホテル シギラミラージュ
Hotel Shigira Mirage

ホテル棟やヴィラなどさまざまなタイプの客室を用意し、51㎡以上の広さを誇る。ビーチに隣接したプールやエグゼクティブ専用のラウンジなど、贅沢なひとときが満喫できる。

半数の部屋がプライベートプールを備える
シギラベイサイドスイート アラマンダ
Shigira Bayside Suite Allamanda

サロンやブティックを備える本館とテラスにジェットバス完備のジャグジー棟、ウミガメが悠々と泳ぐラグーン棟、ヴィラ棟からなる全174室のラグジュアリーなホテル。

ロフトを備えた開放的なコテージ
アラマンダ インギャーコーラルヴィレッジ
Allamanda Imgya Coral Village

遊び心にあふれたロフト付きプライベートコテージ。全室テラスとジェットバス、洗濯機を完備。近くに人気のビーチ、イムギャーマリンガーデンがある。

アクティブ&ナチュラルリゾート
ホットクロスポイント サンタモニカ
Hot Cross Point Santa Monica

ウッドテイストのナチュラルで明るい雰囲気のカジュアルリゾート。レストランやシギラ黄金温泉、シギラビーチにもすぐの好立地。アクティブに楽しみたい人にぴったり。

ファミリーもカップルも満足のプレミアムリゾート
ホテルブリーズベイマリーナ
Hotel Breeze Bay Marina

南国の雰囲気の本館、オーシャンビューのタワーウイング、長期滞在に便利なハーバーウイングの3棟。ガーデンプールやキッズルーム、ショップなどがあり、ファミリーにも便利。

自由気ままに過ごせるカジュアルリゾート
ホテル シーブリーズコーラル
Hotel Seabreeze Coral

リゾートのほぼ中央にあり、どこに行くにもアクセスのいいホテル。客室はツインで23㎡。バスルームは使い勝手のよいセパレートタイプ。友人同士や女子旅などにもおすすめ。

暮らすように過ごせるコンドミニアム
ウェルネスヴィラ ブリッサ
Wellness Villa Brisa

ツインルームと和洋室があり、すべてにキッチン、セパレート型バスルーム、洗濯機、掃除機などを完備する、長期滞在型アパートメントホテル。ワーケーションにもいい。

New
ホテル シギラミラージュに新たなホテル棟がオープン！

2024年2月「ホテル シギラミラージュ ビーチフロント」がオープン。邸宅で暮らすような滞在をコンセプトとした上質な客室とハイグレードなファシリティが揃う。

どこにする？
おすすめの部屋はここ！

8つのホテルを擁するシギラセブンマイルズリゾートには、66タイプもの部屋がある。旅のスタイル別、イチオシの部屋をご紹介。

カップルにおすすめ

ホテル シギラミラージュ
デラックスルーム

特別な日に利用したいラグジュアリールーム

総面積80㎡以上の広々とした部屋は、畳の小上がりスペースや、ベンチソファ、ライブラリースペース、ジェットバスを備えた優雅な空間。ホテル シギラミラージュ宿泊者専用のプールやカバナが使えるのもポイント。

左上／ベッドはハリウッドツインタイプ　右上／上品な色調でまとめられた客室　下／ジェットバス付きのテラス

友人同士におすすめ

ホットクロスポイント サンタモニカ
コーラルロフト

3名まで宿泊できるロフト付き

アクティブに過ごせるカジュアルリゾート。ツインタイプのベッドの上にロフトが付いたコーラルロフトは3名まで宿泊でき友人同士に最適。館内にコインランドリーがあるのも便利。

左上／使い勝手のいい23㎡の客室　右上／広々とした浴室　下／宿泊者専用のプールもある

家族におすすめ

ホテルブリーズベイマリーナ
本館スタンダードツイン（＋2段ベッド）

家族みんなで過ごせて楽しい！

ツインベッドと2段ベッドがあり、4名まで宿泊できる。全室テラス付きで、開放感も抜群。プールはもちろん、ホテル目の前にはビーチが、通りを挟んだところに琉球屋台村があり、遊びや食事にも便利な立地。

左上／プールとジェットバスがある　右上／1階のキッズルーム　下／子供に大人気の2段ベッド

アラマンダ インギャーコーラルヴィレッジ
ジャグジーヴィラ

ロフト付きのヴィラで南国ステイ

広大な敷地に立ち並ぶ72室のヴィラは全室、ロフトとジェットバス付き。1階には2つのベッドルームがあり、4人まで滞在できる。乾燥機能付きの洗濯機が備えられているのも家族での滞在にうれしい。

上／開放感満点の半屋外のジェットバス　左下／陽光の差し込む明るい室内　右下／総面積65㎡と広々

シギラセブンマイルズリゾートの遊び方

\ビジター利用でも利用価値大！/

リゾート内には、ビジターでも利用できる施設がいっぱいある。多彩なレストランや、気の利いたおみやげやリゾートウエアが揃うショップ、アクティビティなどをチェック！

シギラセブンマイルズリゾートでバカンスを100％満喫！

その1 グルメを楽しむ

30を超えるレストランから気分に応じてチョイス！

宮古牛のステーキに沖縄料理、BBQや窯焼きピザなど、さまざまなレストラン、カフェが揃う。おすすめは琉球屋台村で毎晩開催される民謡ライブ。キャッシュオンで料理を楽しみながらライブで盛り上がろう。

上／島唄ライブは19:30〜。早めに席を確保しよう　下／琉球屋台村では沖縄料理が味わえる

その2 アクティビティに参加する

マリンアクティビティやエンターテインメントも豊富

スノーケリングやカヤックツアーなどのマリンアクティビティはもちろん、ゴルフやセグウェイなども人気。夜は'50〜'60年代のオールディーズのライブとディナーが楽しめるファンキーフラミンゴへ繰り出そう。

上／歌って踊って盛り上がるナイトショー　下／園内で人気のセグウェイにチャレンジ

その3 天然温泉でリラックス

日本最南端の温泉でのんびり癒やされる

リゾート内には島の地下1250mから湧くシギラ黄金温泉が。水着着用エリアでは、家族やカップルでも楽しめる。サウナやカフェも併設。島の自然の恵みを生かしたエステもあり。宿泊者1600円、ビジター2000円。

上／女性用のモンゴル岩塩サウナ　中／エステルームで疲れをリセット　下／緑に包まれた静かな雰囲気

その4 おみやげ探し

ハイセンスな雑貨が揃うショップをチェック

琉球離島マーケットや、沖縄みやげクロスポイントマーケットは、ハイセンスな雑貨や沖縄みやげが並び、ビジターにも人気。マリングッズやTシャツ、またアルコールやベビーフードなどが揃うショップもある。

左上／あぐー豚のぬいぐるみ1980円　右上／マリングッズも手に入る　下／琉球離島マーケット。おみやげ全般が並ぶ

贅沢な休日を叶える島のアドレス
至極のリゾートホテル

極上のブルーとホワイトサンドに包まれた島の休日を
とっておきの思い出にしてくれる、至福のリゾートへ。

伊良部大橋を望む
ワールドクラスのリゾートホテル

平良郊外

ヒルトン沖縄宮古島リゾート
ひるとんおきなわみやこじまりぞーと

宮古ブルーの海を望む7階建てのホテル。全329室の客室に屋外、屋内プール、レストラン、スパなどを備え、極上の休日を約束してくれる。一帯は夕日の名所として知られ、特に屋上のルーフトップバーは息をのむ美しさ。カクテルを片手に美しいサンセットを楽しんで。シグニチャーレストラン「イゾレッタ」は、宮古の食材を生かしたイタリアンが評判。夕日を望む絶景を眺めながらリラックスして食事を楽しもう。

1 18時から営業するルーフトップバーユナイするキングデラックスルーム サンセットビュー **3** 朝食は種類豊富なビュッフェスタイル **4** 美しい眺望が楽しめるイゾレッタ **5** 屋外プールは3つある **6** 伊良部大橋を望む

MAP P.102A1 **交** 宮古空港から車で約15分 **住** 宮古島市平良久貝550-7 **電** (0980)75-5500 **HP**で確認 **客室数** 329
駐車場 あり **URL** hiltonmiyakojima.jp

voice ヒルトンにはキッズクラブがある。0〜満3歳は保護者同伴で利用でき1日2200円。満4〜満9歳は2時間3300円（延長1時間ごとに1100円）で子供を預かってくれる。スパに行ったり、のんびり過ごしたいパパママにうれしい。10:00〜18:00営業。

遊び方

至極のリゾートホテル

自然と共に暮らすように滞在
来間島の隠れ家ホテル

来間島
宮古島来間リゾート シーウッドホテル
みやこじまくりまりぞーと　しーうっどほてる

約13万㎡の広大な敷地に、プライベートプールとジャグジーを備えた107棟のヴィラとホテル棟にある62室の客室、和食レストランやジムを備える竜宮ハウス、メインプールと洋食レストランの入るビーチハウス、スパハウスが点在。手つかずの離島ならではの、大自然を満喫できるアクティビティが豊富。唯一無二の絶景を見に行こう。

1 ホテル棟にあるデラックスルーム。48㎡と広々
2 3つの寝室とプライベートプールを備えたプレジデンシャルプールヴィラハウス
3 和食は吉祥寺の創作料理吉祥の来間島店が手がける
4 海を望むメインプール
5 ライトアップが美しい
6 来間島の北端に広がる広大なリゾート

MAP 折り込み⑤A1　交 宮古空港から車で20分　住 宮古島市下地字来間484-7　電 (0980)74-7888　料 HPで確認　客室数 169　駐車場 あり　URL www.seawoodhotel.com

★ ホテルオリジナルツアーもチェック！

🌿 星空観測

宮古島の最南端に位置する来間島は、絶好の星空観測スポット。通年開催しているスターゲイジング（星空観測）ツアーに参加して満天の星を楽しんで。また、敷地内に宮古島初の天文台がオープン予定。ますます星空観測が楽しくなりそう。

🌿 幻の島上陸クルージング

宮古島と伊良部島をつなぐ伊良部大橋付近の海上に浮かぶ白砂でできた浅瀬の島、ユニの浜。干潮時にしか姿を現さないため幻の島ともいわれるその幻の島へ、ウェーブボートで訪れるツアー。楽園のような美しい景色を見に行こう。

 シーウッドホテルはスパにもこだわりがある。シグネチャートリートメントはオイルトリートメントでしっかり体をほぐしたあと、ホットストーンで体を温めるのが気持ちいい。70分2万5300円。ペアでの施術もできる。

83

手つかずの東海岸にたたずむ
38室だけの隠れ家

南部
the rescape
ざ りすけーぷ

1 約100㎡の広さを誇るプレミアスイートヴィラ
2 アウトドアバス付きのスイートヴィラ（デイベッド）
3 あぐー豚や県産和牛のしゃぶしゃぶは部屋で味わえる
4 目の前に広がる美しい海を存分に楽しんで

手つかずの自然が残る東海岸に立つプライベート感あふれるホテル。喧騒から隔絶された環境にあり、自然のなかでリラックスしたい人には最高だ。客室は全室プライベートプール付き。島の食材を生かしたレストランでの食事も楽しみ。

MAP P.102B1　**交** 宮古空港から車で15分　**住** 宮古島市城辺長間1901-1　**電** (0980)74-4120
料 3万5000円〜　**客室数** 38　**駐車場** あり
URL https://okinawa-uds.co.jp/hotels/the-rescape

海に溶け込むようなプールで
伊良部ブルーに染まる

伊良部島
イラフSUI ラグジュアリーコレクションホテル 沖縄宮古
いらふすい らぐじゅありーこれくしょんほてる おきなわみやこ

伊良部島の南側に立つ、全58室のラグジュアリーリゾート。伊良部の海を望むオーシャンビューや自然に囲まれたガーデンルームなど、最低でも45㎡〜と広々とした客室が自慢。サンセットタイムは、シャンパンのフリーフローサービスも。贅沢な滞在を楽しみたい。

1 ライトアップされたプール。17:00からは大人の時間に
2 目の前に海が広がるオーシャンビューツインルーム
3 さわやかな景色のなかでのんびり過ごしたい
4 ゆったり過ごせるパブリックスペース

MAP 折り込み④B2　**交** 宮古空港から車で15分　**住** 宮古島市伊良部字伊良部818-5　**電** (0980)74-5511
料 5万円〜　**客室数** 58　**駐車場** あり　**URL** https://www.suihotels.com/iraphsui-miyako_okinawa

Voice リスケープでは毎晩19:00〜21:00の間、レセプション棟1階テラスでマシュマロナイトを開催。焚き火を囲みながら、マシュマロを炙って食べる体験ができる。宿泊者は予約不要で無料で参加可能。

遊び方

至極のリゾートホテル

伊良部島
サントリーニ ホテル & ヴィラズ宮古島
さんとりーにほてる＆ゔぃらずみやこじま

伊良部大橋を望む立地に2024年3月に誕生したリゾートホテル。ギリシャのサントリーニ島をイメージさせる白亜の外観やブルーのドームが印象的。東京をはじめ世界で活躍するイタリアンの名手渡邉明シェフが率いる地中海料理も魅力だ。

伊良部大橋を望む
絶景の地に立つ白亜のリゾート

❶プールを囲むように客室が配置されている ❷島の素材はもちろん、全国から仕入れた厳選した海の幸を用いる ❸プライベートジャグジー付きのロイヤルスイート ❹さわやかなインテリアのデラックスルーム

MAP 折り込み④B2　交 宮古空港から車で20分、下地島空港から車で12分　住 宮古島市伊良部字池間添長山1052-1　☎ (0980)79-6541
料 2万2000円〜　客室数 29　駐車場 あり　URL https://santorini-miyakojima.com

---

宮古随一の美景ビーチに立つ
アクティブリゾート

南部
宮古島東急ホテル & リゾーツ
みやこじまとうきゅうほてる＆りぞーつ

和洋室などファミリー向けの部屋を備えたオーシャンウィングと、広々とした空間や高層階ならではの眺望を楽しめるコーラルウィングの2棟からなるリゾートホテル。目の前に広がる与那覇前浜を舞台にしたアクティビティも楽しい。

❶ファミリーやグループで訪れたい自然豊かなホテル ❷コーラルウィングの客室 ❸キッズプールなど3つのプールが人気 ❹SUPなどのアクティビティが人気

MAP P.102A2　交 宮古空港から車で15分　住 宮古島市下地字与那覇914　☎ (0980)76-2109
料 朝2万1780円〜　客室数 247　駐車場 あり　URL https://www.tokyuhotels.co.jp/miyakojima-h

　サントリーニ ホテル & ヴィラズ 宮古島に併設されたスパ サントリーニは海の恵みを取り入れた、PHYTOMER（フィトメール）プロダクトを使用したトリートメントを提供。伊良部大橋を望む絶景スパルームでの施術はビジターでも利用できる。

\非日常を味わいたい！／
プライベート空間の極上リゾート

海を眺めながら洗練されたホテルでのんびり。
至福のバカンスを過ごせるおすすめリゾートを紹介。

ヴィラブリゾート
ういらぶりぞーと

プライベートピーチ付きの贅沢なひととき 〈伊良部島〉

独立した赤れんがのヴィラ。テラスにはプライベートプール、食事も楽しめるテーブルと椅子のあるガゼボなどがあり、プライベート空間で存分にくつろぐことができる。

MAP 折り込み④B2 **交** 宮古空港から車で約25分 **住** 宮古島市伊良部字伊良部817 **電** (0980)78-6777 **料** 朝4万2900円〜、朝夕5万2000円〜 **客室数** 6 **駐車場** あり **URL** villabu.jp

アヤンナ宮古島
あやんなみやこじま

海を望む全7室の高級リゾート 〈伊良部島〉

3タイプのヴィラがあり人気はバレルサウナと水風呂を備えたプライベートプール付きのサウナスイートヴィラ。フレンチの技法をベースに沖縄の食材を用いた食事も評判だ。

MAP 折り込み④B2 **交** 下地島空港から車で10分 **住** 宮古島市伊良部池間添1130 **電** (0980)79-8090 **料** 朝5万8000円〜 **客室数** 7 **駐車場** あり **URL** https://ayanna-miyako.com/

Soraniwa hotel ＆ cafe
そらにわほてる＆かふぇ

3つの異なるタイプの部屋を用意 〈伊良部島〉

30㎡のゆったりとしたホテルルーム、ジャクジーを備えた100㎡の豪華コンドミニアム、キッチン付きの長期滞在用フロアをもつ。カフェも併設。

MAP 折り込み④B2 **交** 宮古空港から車で約15分 **住** 宮古島市伊良部字伊良部721-1 **電** (0980)74-5528 **料** 朝1万4300円〜、朝夕1万7000円〜 **客室数** 5 **駐車場** あり **URL** soraniwa.org

紺碧ザ・ヴィラオールスイート
こんぺきざ・ういらおーるすいーと

全室プライベートプール付きの贅沢空間 〈伊良部島〉

プライベートプール越しに伊良部の紺碧の海を望む優雅なヴィラ。各部屋にプライベートプール、ミスト、サウナ、ワインセラーを完備。13歳未満の宿泊は不可。

MAP 折り込み④B2 **交** 宮古空港から車で約20分 **住** 宮古島市伊良部字池間添1195-1 **電** (0980)78-6000 **料** 朝4万6000円〜 **客室数** 8 **駐車場** あり **URL** www.konpeki.okinawa

ウォーターマークホテル＆リゾーツ沖縄 宮古島
うぉーたーまーくほてる＆りぞーつおきなわ みやこじま

日本の渚百選に立つ美しいロケーション 〈伊良部島〉

客室から望むオーシャンビューが絶景。ホテル最上階にはインフィニティープールがあり、青い海と美しい夕日を望むことができる。

MAP 折り込み④A1 **交** 宮古空港から車で約35分、みやこ下地島空港から車で5分 **住** 宮古島市伊良部字佐和田前原1725 **電** (0980)78-5100 **料** 1万2000円〜 **客室数** 50 **駐車場** あり **URL** https://watermark-hotels.com/miyakojima

ブルーオーシャン ホテル＆リゾート宮古島
ぶるーおーしゃん ほてる＆りぞーと みやこじま

伊良部大橋のたもとに立つ白亜のリゾート 〈伊良部島〉

プライベートプールとジャクジー付きのヴィラと、広々としたリビングを持つホテルタイプを用意。バーやレストラン、スパなどの設備もあり優雅なステイが楽しめる。

MAP 折り込み④B2 **交** 下地島空港から車で10分 **住** 宮古島市伊良部池間添1101-1 **電** (0980)79-7971 **料** 朝3万7000円〜 **客室数** 24 **駐車場** あり **URL** https://www.blueocean-miyakojima.com/

\ ワーケーションにも最適！ /
キッチン付きコンドミニアム

簡単に料理したり、テイクアウトグルメを温めて食べられるキッチン付きのコンドミニアムは長期滞在におすすめ。

平良市街地
簡易キッチンが付いたアパートタイプ
Mr.KINJO LINK in Kugai 宮古島
みすたーきんじょー りんく いん くがい みやこじま

ベッドはダブルタイプなので、ひとり旅かカップルでの利用におすすめ。冷蔵庫、簡易キッチン、電子レンジ付き（食器セットはなし）。平良中心部までのアクセスもいい。

- **MAP** P.94A2
- **交** 宮古空港から車で約10分
- **住** 宮古島市平良久貝1058
- **電** (0980)79-5685
- **料** 3500円〜
- **客室数** 29
- **駐車場** あり（1日1000円）
- **URL** http://mrkinjo.jp/hotel

平良市街地
広々とした大浴場が人気
たびのホテルlit宮古島
たびのほてるりっとみやこじま

通常の客室のほか、キッチン、洗濯機付きのダブルルームを用意。街中にあるため、飲食店や買い物も徒歩圏内で便利。ゆったりくつろげる大浴場やサウナも好評だ。

- **MAP** 折り込み①D3
- **交** 公設市場から徒歩12分
- **住** 宮古島市平良久貝244-1
- **電** (0980)75-3100
- **料** 素7000円〜
- **客室数** 111
- **駐車場** あり
- **URL** https://miyakojima.tabino-hotel.jp/

平良市街地
平良市街地にある便利なコンドミニアム
かりゆしコンドミニアムリゾート宮古島 ふくぎステイズ
かりゆしこんどみにあむりぞーとみやこじま ふくぎすていず

2020年にオープンしたコンドミニアム。全室、キッチン、洗濯機付き。ダブル、ツイン、定員7名のスイートなど客室は多彩。徒歩4分に大型スーパーがあるので便利だ。

- **MAP** 折り込み①D3
- **交** 宮古空港から車で約10分
- **住** 宮古島市平良西里377-1
- **電** (098)967-7112
- **料** 7000円〜
- **客室数** 18
- **駐車場** あり
- **URL** https://kariyushi-condo.jp

平良郊外
まるで海外の街並みのようなホテルリゾート
ホテルカリフォルニア宮古島リゾート
ほてるかりふぉるにあみやこじまりぞーと

ツインルームから4名まで宿泊できる部屋を用意。キッチン・洗濯機などがあり長期滞在もOK。専用ラウンジ、キッズスペース、BBQレンタル、ゴルフシミュレーションなどを備える。

- **MAP** P.94B2
- **交** 宮古空港から車で約8分
- **住** 宮古島市平良字東仲宗根903-18
- **電** 050-2018-7883
- **料** 素6000円〜
- **客室数** 67
- **駐車場** あり
- **URL** www.palm-resorts.com/california

平良市街地
ランドリーコーナーやマリングッズ洗い場もある
ホテル385
ほてる385

市街地にあるスタイリッシュなホテル。ダブル、ツイン、スイートがあり全室簡易キッチン付き。宿泊者には無料でボックスタイプの朝食サービスがあり部屋で食べることもできる。

- **MAP** 折り込み①D3
- **交** 宮古空港から車で約10分
- **住** 宮古島市平良西里561
- **電** (0980)79-0998
- **料** 朝7000円〜
- **客室数** 38
- **カード** 可
- **駐車場** あり
- **URL** www.hotel-385.com

平良郊外
ファミリーで利用できる部屋も用意
ホテル サンタバーバラ 宮古島リゾート
ほてるさんたばーばらみやこじまりぞーと

ツインから4ベッド、和洋室などさまざまなタイプの部屋を用意するホテル。キッチン、洗濯機、調理器具や食器類などを完備。清潔感あふれる明るいインテリアも心地よい。

- **MAP** P.102A1
- **交** 宮古空港から車で約5分
- **住** 宮古島市平良字下里2393-3
- **電** 050-2018-7883
- **料** 5500円〜
- **客室数** 31
- **駐車場** あり
- **URL** https://santabarbara-miyakojima.com

遊び方

プライベート空間の極上リゾート／キッチン付きコンドミニアム

自然のなかにたたずむ聖なる場所
宮古島のパワースポット巡り

願い事叶いますように～！

神話の舞台となった漲水御嶽

海の青と島ならではの空気、古くから残る御嶽に癒やされる

　琉球信仰において、重要な舞台となる御嶽（うたき）。祭祀などが行われる神聖な場所とされ、沖縄全土に存在するが、特に宮古諸島だけでおよそ900もの御嶽があるという。また、河川のない島において地下水が湧き出す井戸（ガー）も大切な場所だった。確かに、自然と人々の強い思いが混ざり合い、何かしら強力なパワーを感じるようだ。神秘の力を感じに出かけてみよう。

●宮古島パワースポットMAP

① 宮古神社　平良市街地
みやこじんじゃ

1590年に建立された国内最南端の神社

　那覇の波上宮から招いた熊野三神とかつて宮古島を統治した豊見親三柱を祀る。家内安全・商売繁盛・初宮詣・厄祓、結婚式などあらゆる目的で島民が訪れる。

MAP 折り込み① C2　交 公設市場から徒歩約8分
住 宮古島市平良字西里5-1　☎ (0980)72-6137

② 漲水御嶽　平良市街地
はりみずうたき

神話の舞台となった宮古島きっての霊場

　その昔、神が天から降り立ち、宮古島の元となるものを造ったといわれる場所にある御嶽。一般の人が入れる数少ない御嶽だが、配慮は忘れずに。

MAP 折り込み① C2
交 公設市場から徒歩約8分　住 沖縄県宮古島市平良字西里8

voice 保良泉ビーチにあるパンプキンホールも竜宮の神が宿る、宮古島屈指のパワースポットといわれている。確かに鍾乳洞の内部には、つらら状に垂れ下がる鍾乳石や石柱が連なり神秘的。訪れるにはツアーを利用しよう（→P.40）。

宮古島のパワースポット巡り

伝統的な神事が残り、ユタ（神の意志を伝える霊能力者）が占いや除霊などを行う宮古島。島全体がパワースポットといわれる宮古のなかでも、特に御利益が多い場所をピックアップ。

③ 大和井（やまとがー） 〔平良市街地〕

水の貴重な島で高貴な人々ののどを潤した井戸

1720年頃に掘られたと考えられる井戸。切石が積み上げられた井戸の周りは深い緑に覆われ神秘的な雰囲気。高貴な人々のみが利用できたという。

MAP 折り込み① D1
交 公設市場から車で約6分
住 宮古島市平良字西仲宗根土川・不佐手

⑦ 通り池（とおりいけ） 〔下地島〕

継子伝説を残す神秘的な水をたたえる池

その昔、義母が先妻の子を殺そうと間違えてわが子を池に突き落とし、自分も飛び込み自殺したという伝説が残る。あたりは琉球石灰岩の台地となっている。

MAP 折り込み④ A2
交 宮古空港から車で約35分

④ 帯岩（おびいわ） 〔下地島〕

大津波で打ち上げられた高さ13mもの巨大な岩

海岸から少し離れた小高い丘の上にある巨大な岩。1933年に起きた大津波で打ち上げられたといわれる。いつしか守護神として鳥居が造られた。

MAP 折り込み④ A2
交 宮古空港から車で約30分
住 宮古島市伊良部字佐和田

⑧ 塩川御嶽（しゅがーうたき） 〔多良間島〕

フクギの大木が守る多良間島最高の聖域

フクギの大木が連なる参道が厳かな雰囲気。年間を通してさまざまな神事が行われる。境内には1753年に建てられた灯籠があり、歴史の古さを伝える。

MAP P.108C3
交 多良間空港から車で約20分

⑤ 大神島（おおがみじま） 〔大神島〕

たくさんの聖域が点在する神のすまう島

宮古島の北東に浮かぶ小さな島。聖域が点在し、観光客が立ち入れない場所もある。海岸沿いではノッチと呼ばれる奇岩も。詳しくはP.120へ。

MAP P.121
交 島尻港から船で約15分

⑨ コツコツと作り続けて30年、ひとりの男性が夢見たパワースポットとは？

宮古島のパワースポットのなかで密かな話題となっているのが「石庭」と呼ばれる個人の庭。ここに住む新城さんが天啓を受け、長きの歳月をかけてひとりで造り上げた庭だという。付近まで行くと「石庭」という看板の掲げられた家がある。のぞいてみると、おばちゃんが出てきて200円を徴収する代わりに地図をくれるので、これを頼りに庭を歩こう。広大な庭には「太陽のサークル」「天竜の座敷」「ヒマラヤつなぎの石」など魅力的なフレーズが。なかには土足厳禁の場所もある。強大なパワーを感じるか、ぜひ自分の目で確かめてみて。

上／ここで地図をもらう

下／地球のへそと太陽のサークル

靴を脱ぎ大地のパワーを感じよう

MAP P.102A1
交 宮古空港から車で約20分
住 宮古島市平良字下里2309
時 10:00〜18:00頃
休 不定休　**料** 200円

⑥ 幸せのハート岩（しあわせのはーといわ） 〔池間島〕

自然が造ったハートに幸せを願って

浸食により生まれた天然のハート形の岩。多くのカップルが祈願に訪れる。ハートが見られるのは干潮時。ビーチ前の高台がベストスポット。

MAP 折り込み⑥ A1
交 宮古空港から車で約35分

大神島に行ってきました。宮古島の人々もあまり訪れたがらない聖域で、招かれた者しか上陸できないという話でしたが、連絡船で上陸成功。島は恐ろしい雰囲気はなく、静かで穏やか。癒やされました。（東京都／モンブランさん）

島の地下水が育んだ奥深き味わい
宮古島の泡盛に魅せられて

アジア伝来の泡盛の歴史と宮古島泡盛の特徴

沖縄を代表するお酒である泡盛。日本での製造の歴史は古く、東南アジアや中国から伝わり、15世紀末にはすでに琉球で造られていたと考えられている。泡盛の原料といえばタイ米というイメージが強いが、実際に輸入され始めたのは大正時代以降。それ以前は琉球産の米や粟が原料に用いられていたそうだ。

宮古島における泡盛の歴史は沖縄本島と比べると浅く、大正13年に首里から移住した野村安重という商人が製造・販売したのが始まりといわれる。宮古島の水は琉球石灰岩の地質が生み出すミネラル豊富な硬水で、泡盛の仕込み水として最適。宮古島の泡盛に独特のまろみや香りを与えている。

宮古島ならではの泡盛カルチャー「おとーり」って何?

泡盛を注いだグラスを回し飲みするというもの。その昔、酒がまだ貴重だった時代に始められた風習とされる。

口上を述べ合うことで初対面でも親睦が深まる

見学可能なところも!
宮古の酒造所

現在宮古にある泡盛酒造所は、右ページ上の「宮の華」を含めて6軒。なかには泡盛販売スペースを設け、旅行者が気軽に立ち寄ることができるところもある。

宮古島
宮古島を代表する老舗酒造所
菊之露酒造 (きくのつゆしゅぞう)

赤い看板が目印です

沖縄県内の泡盛酒造所大手3社に数えられ、宮古島に現存する酒造所のなかで一番の老舗でもある。社名は中国の民話で「長寿の酒」を意味することから命名。初代杜氏が高めた技術を受け継ぎ、代表銘柄「菊之露」をはじめとした商品を世に送り出している。

菊之露 古酒 V.I.Pゴールド
8年古酒をベースにし、芳醇な風味と豊かなコクを楽しめる

720ml 30度 1859円

製造部 高宮 昭人さん

- **MAP** 折り込み①C3 **交** 宮古空港から車で約15分
- **住** 宮古島市平良字西里290 **電** (0120)72-2669
- **時** 8:30～17:30 **休** 土・日曜、祝日 **駐車場** なし
- **URL** http://www.kikunotsuyu.co.jp

宮古島
人と自然が育む豊かな味わい
多良川 (たらがわ)

試飲もできます!

宮古島南部に流れる伏流水「多良川(たらがー)」の天然水を使用する。酒造所そばの洞窟貯蔵庫「ういぴゃーうぶうす蔵」では購入した泡盛をメッセージ付きで長期熟成させることが可能。洞窟蔵の見学も受け付け、泡盛の製造工程をビデオで観賞することもできる。

琉球王朝
多良川の代表銘柄。香味のバランスがとれたとても飲みやすい泡盛

720ml 30度 2060円

杜氏 伊計 恵蔵さん

- **MAP** 折り込み②C1 **交** 宮古空港から車で約15分
- **住** 宮古島市城辺字砂川85 **電** (0980)77-4108
- **時** 10:00～16:30 **休** 日曜 **駐車場** あり
- **予約** 必要 **URL** taragawa.co.jp

---

voice コミュニケーションドリンクという別称があるほど、おとーりは宮古島の人たちにとって必要不可欠な存在。しかし飲み過ぎの主要因ともなるため、昨今では「オトーリ憲法」なるものを制定するなど、健康的なおとーりが推進されている。

遊び方

島カルチャー ▶ 宮古島の泡盛に魅せられて

宮古では多くの居酒屋の軒先で、地元の泡盛ブランドののぼり旗が掲げられている様子を見ることができる。ライトな口当たりのものから3年以上甕に寝かせた古酒(クース)まで、ラインアップは多種多様。旅行中に一度は味わってみたい。

泡盛ができるまで

酒税法上は焼酎と同じジャンルに分類される泡盛。その違いは主に「原料にタイ米を使用する」「麹づけに黒麹菌を使用する」ことが挙げられる。一般的な製造工程をここでおさらいしてみよう。

精魂込めて造ってます

工場長 山原 作栄さん

伊良部島
女性が多く活躍する
宮の華 (みやのはな)

酒づくりは五感で行うものという信念のもと、五感をフルに働かせ、大量生産よりも品質を追求する姿勢で泡盛を造り続ける。伊良部島の風と香りを感じる泡盛を楽しみたい。

うでぃさんの酒
国産米100%を原料に独自製法で造り上げた泡盛
720ml / 30度
2234円

- MAP 折り込み④A2
- 交 下地島空港から車で10分
- 住 宮古島市伊良部字仲地158-1
- 電 (0980)78-3008
- 時 9:00～17:00
- 休 日曜、祝日
- 駐車場 あり
- URL www.miyanohana.com

1. 麹付け
洗米・浸漬・蒸しの工程を経た原料米に黒麹菌を種付けして米麹を作る

2. 仕込み
米麹にした原料をもろみタンクに移し、泡盛酵母と水を加えて発酵させる

3. 蒸留
もろみを蒸留器に移し原酒を作る。原料の個性を引き出す「常圧蒸留」が多い

4. 貯蔵
貯蔵タンクや甕で貯蔵し熟成させ、香り高くまろやかな泡盛の風味に変化させる

5. 瓶詰・出荷
1年ほど熟成させてようやく完成。3年以上熟成させた泡盛は古酒となる

宮古島
先代の技を受け継ぐ
沖之光酒造 (おきのひかりしゅぞう)

昭和23年創業の家族経営の酒造所。現在は2代目と3代目がその技術を継承し、一般酒でも1年以上は寝かせるなど小規模ながら熟成に重きをおいた本格的な泡盛を造る。

古酒に自信あり!

代表 古謝 満さん

熟成十年沖之光

代表銘柄「沖之光」の十年古酒100%。2005年度泡盛鑑評会優等賞受賞酒
720ml / 35度
オープン価格

- MAP P.94B2
- 交 宮古空港から車で約10分
- 住 宮古島市平良字下里1174
- 電 (0980)72-2245
- 時 8:00～19:00
- 休 日曜
- 駐車場 あり
- URL www.okinohikari.com

伊良部島
地域に愛される酒造所
渡久山酒造 (とくやましゅぞう)

伊良部島佐和田の住宅街で営む酒造所。「昔ながらの泡盛」と評される「豊年」と、女性や初心者にも飲みやすい「ゆら」が二枚看板。見学不可だが、試飲には対応してくれる。

4代続く酒造所です

代表 渡久山 研悟さん

豊年 古酒

華やかな香りと芳醇でまろやかな甘い味わいを楽しめる5年古酒
720ml / 35度
オープン価格

- MAP 折り込み④A1
- 交 宮古空港から車で約30分
- 住 宮古島市伊良部字佐和田1500
- 電 (0980)78-3006
- 時 10:00～15:00
- 休 土・日曜、祝日
- 駐車場 あり

宮古島
徹底した品質管理が命
池間酒造 (いけましゅぞう)

もろみを仕込む際に低温で熟成させることで生まれるのど越しのよい甘味が特徴。2代目の太郎氏が試行錯誤の末に生み出した「ニコニコ太郎」がその名を一気に広めた酒造所。

ニコニコ太郎

「宮古島のナポレオン」と称される人気銘柄。ソフトなのど越しが◎
1800ml / 30度
オープン価格

- MAP P.100B3
- 交 宮古空港から車で約15分
- 住 宮古島市平良字西原57
- 電 (0980)72-2425

狩俣地区で代々営まれていた千代泉酒造所はファンも多かったが、後継者不足により2018年にやむなく廃業。残された泡盛を限定復活させるべく、「誇酒プロジェクト」が立ち上がっている。www.awamorisouko.jp/kosyu_project.php

宮古島人インタビュー 3
Islanders' Interview

島一丸となって宮古島の安全と環境を守るガイドラインを策定

島の環境を守るための観光客向けのルールとマナーをまとめた冊子を作成

宮古島サスティナブルツーリズム連絡会
春川　淳(はるかわ じゅん)さん、**京子**(きょうこ)さん

セブンシーズ宮古島で人気のマングローブカヤック

宮古島の未来のためにガイドラインを策定

2023年度の観光客数が90万人を超え、観光事業者も急増している宮古島。それにともない環境への負荷が課題となっており、島内でも持続可能な観光への意識が高まっている。

「観光客が減ったコロナ禍が、今後の宮古島をどうするかを考えるきっかけになりました」と言うのはシーカヤックツアーを行うセブンシーズ宮古島の春川淳さんと京子さん。2020年に宮古島観光協会を中心に、春川さんのほかさまざまな業種の人が集まって委員会を設置。「観光の持続性向上」を目指した話し合いが重ねられた。

「2022年にサスティナブルツーリズム連絡会が発足し"宮古島サスティナブルツーリズムガイドライン"を策定しました。島の環境を守るために観光事業者と観光客がそれぞれできることを考えました」と京子さん。宮古島海上保安部や宮古島警察署にも意見を聞くなど法律面の課題にも対応している。

「マリン事業者のいいように作ったわけではなく、行政からのトップダウンというわけでもなく、関係各所みんなで意見交換して策定したガイドラインであることに価値があると思っています」

実際に宮古島が策定したガイドラインは先駆的といわれており、うまくいけばオーバーツーリズムに直面している全国の観光地のモデルケースになりそうだ。

事業者も観光客も島民も島の環境に配慮する

宮古島内でも、ガイドラインは好意的に受け止められている。

「観光が盛んになったとしても、市民が観光に対してネガティブな印象をもつようでは長続きしません。環境はもちろん、島の人にも配慮した観光のあり方が理想です」と淳さん。宮古島を訪れる観光客については「観光客にも宮古島を好きになってもらい、島のことを考えながら楽しんでくれたらうれしい」と話してくれた。

2024年3月には、ガイドラインを守っている事業者の認証制度をスタートさせた。

「認証店＝宮古島のことを考えている事業者ということになるので、観光客が認証店を選ぶことで、認証店が増えるといいですね」

観光客向けには「宮古の約束」というリーフレットを作成しており、ウェブサイトでも見られるので、宮古島を訪れる前に目を通しておくといいだろう。

2019年に下地島空港がオープンし、海外からの注目度も上昇中

セブンシーズ宮古島→ P.46　宮古島観光協会「島を守る」　URL https://miyako-island.net/sustainable/

島全域に魅力がいっぱい詰まってます♪

宮古島の歩き方
Area Guide

宮古諸島きっての歓楽街平良をはじめ、
ひと足延ばした島々にもさまざまな出会いが待っている。
何が見たい？ 何を食べたい？ エリアごとのおすすめはこちら。

飲食店やショップが集まる宮古随一の繁華街

平良（ひらら）

宮古空港から車で10分ほどと交通アクセスもいい、宮古島きっての歓楽街。多数の飲食店、カフェ、おしゃれな雑貨を扱うショップなどが続々オープンしにぎわう。街なかには機能的なビジネスホテルが多い。

ココ!

観る・遊ぶ
史跡散策やパワースポットが点在

ショップや飲食店が林立する。街なかには、16世紀末頃宮古島を支配していた豪族仲宗根豊見親の墓や漲水御嶽、宮古神社などの史跡が点在し、街歩きも楽しい。パイナガマビーチは市街地から徒歩圏内のビーチ。また少し北に車を走らせると、砂山ビーチがある。

買う
お取り寄せするほどの人気ショップも

雑貨、ファッション、焼き物などを扱うしゃれたショップが並ぶ。特にオーナーがデザインも手がける雑貨店のオリジナルグッズは人気が高く、旅行後お取り寄せする人も多い。定番みやげのバナナケーキで有名なモンテドールの本店はフォトスポットとしても人気。

食べる・飲む
カフェから居酒屋まで食事処は豊富

宮古島随一の繁華街らしく飲食店は豊富。オーガニックカフェ、島の素材を使ったジェラートショップ、宮古牛が味わえるレストランなど、どこで食事をしようか迷うほど。ただし人気店は予約でいっぱいということも。訪れる前に電話で確認して。

泊まる
市街地には機能的なビジネスホテルが多い

中心部はシンプルでコンパクトな部屋のビジネスホテルが多く機能的でリーズナブル。少し郊外に出れば、海沿いにシティホテルがあり、リゾートムードも味わえる。キッチン付きのコンドミニアム、トレーラータイプなど選択肢も豊富だ。

🍴 市場　エリア 平良市街地　MAP 折り込み① C3
宮古島市公設市場
みやこじましこうせついちば

地元の農産物、海産物がずらり

2011年にリニューアルオープンした市民の台所。八百屋や加工品販売店などが並ぶ。屋外には野菜や特産品を販売するおばちゃんたちの姿も。

🚗 宮古空港から車で約20分
🏠 宮古島市平良字下里1　店舗により異なる　🕐 7:00～18:00（店舗により異なる）　休 不定休　🅿 あり

🍴 グリル　エリア 平良市街地　MAP 折り込み① D3
ダグズ・グリル
だぐず・ぐりる

美しいと表現したくなる多良間牛のステーキ

多良間島で生まれた最高品質の黒毛和牛をステーキで。炭火で焼き色をつけたらオーブンでじっくり火を通し最後に炭火で香りづけ。軟らかな肉を堪能したい。

🚗 公設市場から徒歩約9分
🏠 宮古島市平良西里567-1　☎ (0980)79-7070　🕐 18:00～23:00(L.O.22:30)　休 第3水曜　カード 可　🅿 なし

🌿 植物園　エリア 平良郊外　MAP P.94C2
宮古島市熱帯植物園
みやこじましねったいしょくぶつえん

トロピカルガーデンを散策

12万㎡の広大な園内に1600種類もの植物が茂る公園。園内には1～4kmのウオーキングコースが設けられ、さわやかな空気のなか散策が楽しめる。

🚗 宮古空港から車で約8分
🏠 宮古島市平良字東仲宗根1166-286　☎ (0980)72-9784(宮古島市役所)　🕐 10:00～18:00　休 なし　料 無料　🅿 あり

🍴 焼肉　エリア 平良市街地　MAP 折り込み① C3
宮古牛焼肉喜八別館
みやこぎゅうやきにくきはちべっかん

1頭まるごと仕入れで宮古牛を安価に提供

「どこよりも安く、どこよりもおいしく」がモットーの人気焼肉店。おすすめ5種盛り2980円のほか、珍しい部位の肉も扱う。

🚗 公設市場から徒歩約5分
🏠 宮古島市平良字下里83　☎ (0980)79-5858　🕐 18:00～22:00(L.O.)　休 水曜　🅿 あり　URL miyako-kihachi.com

🍴 鉄板焼き　エリア 平良市街地　MAP 折り込み① C3
わとわ
わとわ

宮古牛が評判の炭火焼き居酒屋

炭火調理の様子を目の前で楽しめるカウンター席とグループに最適なテーブル席がある。炭火で焼き上げた宮古牛のステーキはうま味を逃さずふっくら。

🚗 公設市場から徒歩約2分
🏠 宮古島市平良字下里566-2　☎ (0980)73-7329　🕐 18:00～24:00(L.O. 23:00)　休 不定休　🅿 なし

🍴 バー　エリア 平良市街地　MAP 折り込み① D3
旅と酒 ガリンペイロ
たびとさけ がりんぺいろ

異国情緒漂う旅をテーマにしたバー

観光客も地元客にも人気のバー。ラムを中心に豊富なお酒を揃える。パッション大作戦900円やラム＆チャイ850円などのオリジナルカクテルも美味。

🚗 公設市場から徒歩9分
🏠 宮古島市平良西里567　☎ (0980)72-4532　🕐 18:00～翌1:00　休 日曜(水曜不定休)　🅿 なし

🍴 居酒屋　エリア 平良市街地　MAP 折り込み① C2
居酒家でいりぐち
いざかやでいりぐち

"おもてなしの心"が伝わる居心地のよさ

リピーターも多い予約必須の人気店。沖縄料理を中心に、島素材を使った創作料理も充実している。予約の電話は営業時間の直前がつながりやすい。

🚗 公設市場から徒歩約6分
🏠 宮古島市平良西里224　☎ (0980)72-8017　🕐 18:00～23:00頃(L.O. 21:50)　休 火曜　カード 可　🅿 なし

🍴 ビアバー　エリア 平良市街地　MAP 折り込み① C3
Island Brewing Miyakojima
あいらんど ぶりゅーいんぐ みやこじま

クラフトビールが楽しめるオシャレな空間

タップから注がれる自家製クラフトビールが楽しめる。おすすめは宮古島の完熟マンゴーを加えたマンゴーIPA800円～。甘酸っぱさが島の空気にぴったり。

🚗 公設市場から徒歩5分
🏠 宮古島市平良下里615-1　☎ (0980)79-7156　🕐 15:00～24:00　休 水曜　カード 可　🅿 なし

エリアガイド ▼ 平良／観る・遊ぶ・食べる・飲む

歩き方

久松五勇士とは、日露戦争中にロシアのバルチック艦隊が宮古島付近を通過した際、その知らせを15時間サバニ（漁船）を漕ぎ続け、石垣島に伝えた5人の若者のこと。その功績をたたえた久松五勇士顕彰碑が久松漁港の近くに立つ。

おにぎり　エリア 平良市街地　MAP 折り込み① B3
くじら食堂
くじらしょくどう

愛情たっぷりのおにぎりをテイクアウト

沖縄の郷土料理、ポーク（スパム）玉子おにぎり専門店。スタンダード 380 円ほか、油みそ 430 円なども。豚汁セットはプラス 430 円。店内で食べることもできる。

交 公設市場から徒歩5分
住 宮古島市平良下里220-1 ウッドヴィレッジA棟104　電 080-6483-6865　時 7:30～売り切れ次第終了　休 水曜　駐車場 あり

カフェ　エリア 平良市街地　MAP 折り込み① C2
モンテドール
もんてどーる

定番みやげ、バナナケーキのできたてが味わえる

島みやげの定番モンテドールのバナナケーキ。カフェ併設の本店では、生クリームたっぷりの生バナナケーキ 418 円や、バナナジュース 462 円が味わえる。

交 公設市場から徒歩5分
住 宮古島市平良字西里7-2　電 (0980)72-3765　時 9:00～20:00(冬季短縮あり)　休 なし　カード 可　駐車場 あり

朝食　エリア 平良市街地　MAP 折り込み① D3
エルドラド
えるどらど

どこかの国の料理が食べられる朝食専門店

ベーコンやハッシュドポテトの付いたエルドラドブレックファスト 1000 円のほか月替わりのどこかの国の朝食 1000 円～が登場。営業日はインスタでチェック。

交 公設市場から徒歩9分
住 宮古島市平良西里567　時 7:30～10:00(土・日曜は～11:00)頃　休 月・木曜(不定休あり)　駐車場 なし　IG @morning.stand_eldorado

ジュース　エリア 平良市街地　MAP 折り込み① B4
フルーツクイチャー
ふるーつくいちゃー

季節の果物を使ったスペシャルドリンクが人気

島の駅みやこ内のフードコートにあるジューススタンド。おすすめはマンゴーアールグレイ 850 円。甘味とほろ苦さが絶妙。タコライスなどの軽食もある。

交 公設市場から車で6分
住 宮古島市平良字久貝870-1(島の駅みやこ内)　時 10:00～16:00　休 不定休　カード 可　駐車場 あり

ジェラート　エリア 平良市街地　MAP 折り込み① C3
リッコ ジェラート宮古島本店
りっこ じぇらーとみやこじまほんてん

果実感あふれる宮古島発のジェラート

フルーツなど素材の多くは宮古島産で、旬のメニューが店頭に並ぶ。シングルコーンは 560 円。通年ではなんと 60 種類以上のフレーバーがある。

交 公設市場から徒歩約3分
住 宮古島市平良字下里550　電 (0980)73-8135　時 11:00～18:00　休 火・水曜　駐車場 なし　URL www.ricco-gelato.com

食堂　エリア 平良郊外　MAP P.102B1
中休味商店
なかやすみしょうてん

コシのある自家製麺と鶏スープの黄金コンビ

和食店で修業を積んだ店主が作る、鶏ガラスープの個性派そば。モチモチの自家製麺に、6～7時間煮込むうま味スープが絡む。元祖鶏宮古そば 750 円。

交 宮古空港から車で約14分
住 宮古島市平良字西里2050-1　電 (0980)72-2868　時 11:00～(スープがなくなり次第終了)　休 日曜・第3・5月曜　駐車場 あり

カフェ　エリア 平良市街地　MAP 折り込み① D4
ダグズ・コーヒー
だぐず・こーひー

自家焙煎豆の香り高いコーヒーを

焙煎士久光康隆さんがダグズ・コーヒーのために焙煎したオリジナルコーヒーが味わえる。ドリップコーヒーは 500 円(S)。11 時までのモーニングも人気。

交 公設市場から徒歩9分
住 宮古島市平良下里1153-3-105　電 なし　時 8:00～16:00　休 なし　カード 可　駐車場 あり

食堂　エリア 平良郊外　MAP P.94B2
腰原食堂
こしばるしょくどう

新感覚の中華風宮古そばをぜひ！

宮古そばにピリ辛野菜あんかけを合わせたドラゴンそば 850 円はリピーター続出の名物。タルタルチキン 800 円も定番。外観と裏腹に店内はおしゃれ空間。

交 宮古空港から車で約10分
住 宮古島市平良字下里1325-3　電 (0980)72-0304　時 11:00～14:30(L.O.14:00)　休 日・月曜　駐車場 あり

---

voice エルドラドはガリンペイロを間借りして朝だけオープン。「どこかの国の朝食」は、台湾やモロッコなど、オーナーの気まぐれで世界の料理が登場する。さりげなく手渡されるメニューには、旅好きならばクスリとしてしまうユーモアが。

歩き方
エリアガイド▼ 平良／食べる・飲む

マンゴー エリア 平良郊外 MAP P.102B1
ティダファクトリ
ていだふぁくとり

香りも華やかな完熟マンゴーに幸福度MAX

マンゴーの加工工場に併設されたカフェ。完熟のマンゴーを急速冷凍しているので、いつでもとろける旬の味を楽しめる。人気はスノーモンスター2200円。

交 宮古空港から車で約16分
住 宮古島市上野字野原1190-188　電 (0980)76-4183　時 10:00～16:00　休 土・日曜(5～10月は無休)　カード 可　駐車場 あり

民謡ライブ エリア 平良市街地 MAP 折り込み① C2
スーパースター
すーぱーすたー

子連れで三線ライブが楽しめる

宮古横丁の2階にあるライブハウス。食事をしながら気軽に民謡ライブが楽しめる。キッズスペースがあり子連れでも安心。席料とライブチャージ660円。

交 宮古公設市場から徒歩8分
住 宮古島市平良西里7 ホテルアートアベニュー2F　電 (0980)73-4169　時 18:00～24:00　休 水曜　カード 可　駐車場 あり

マンゴー エリア 平良郊外 MAP P.94C2
すくばりテラス
すくばりてらす

自家農園の新鮮マンゴーをリーズナブルに

自家農園でマンゴーを作り続けて30年以上。7～8月のシーズンにはマンゴーの直売のほか、スイーツも味わえる。リーズナブルな価格は直営店ならでは。

交 宮古空港から車で約8分
住 宮古島市平良字東仲宗根添1210-1　電 (0980)73-1307　時 12:00～17:00　休 火、ほか不定休あり　駐車場 あり

居酒屋 エリア 平良市街地 MAP 折り込み① C3
一魚一会 宮古島店
いちぎょいちえ みやこじまてん

近海で取れた鮮魚や沖縄料理を味わう

宮古島産のマグロをはじめ、鮮魚の刺身や寿司を中心に、沖縄料理が味わえる居酒屋。とくにだしが利いた自家製茶碗蒸し580円はぜひオーダーしたい。

交 公設市場から徒歩5分
住 宮古島市平良字下里595サインツとくやま1階　電 (0980)79-0188　時 17:00～24:00　休 なし　カード 可　駐車場 あり

横丁 エリア 平良市街地 MAP 折り込み① C2
宮古横丁
みやこよこちょう

個性的な7軒ではしご酒

2024年4月開業。全国各地から集まった人気店が、宮古島の食材を用いて料理を提供。ひとつの店舗でじっくり飲んでもよし、はしごしてもよし。わいわい楽しい雰囲気だ。

居酒屋 エリア 平良市街地 MAP 折り込み① C2
あかがーら 宮古島店
あかがーら みやこじまてん

赤瓦屋根が特徴の島唄ライブ居酒屋

アットホームな雰囲気で本格沖縄＆宮古島家庭料理を楽しめる。島唄ライブは2部制。座敷席や掘りごたつ席もありファミリーでも安心して利用できる。

交 公設市場から徒歩約5分
住 宮古島市平良字西里223　電 (0980)72-2030　時 17:00～23:00　休 なし　駐車場 なし　URL akagara-miyako.owst.jp

カフェ エリア 平良郊外 MAP P.100B3
スナヤマカフェ
すなやまかふぇ

砂山ビーチで遊んだあとに立ち寄りたい

黄色の扉が目を引くカフェ。カレーやピザなど軽食やスイーツは可能な限り地元の食材にこだわった優しい味わい。カレーやタコライス750円～が味わえる。

上／まずは店を決めて席につく　左下／ホテルの1階にある　右下／琉球番菜の料理

交 公設市場から徒歩8分　住 宮古島市平良西里7 ホテルアートアベニュー1F 宮古横丁　時 17:00～24:00　休 店ごとに異なる　カード 可　駐車場 あり

交 宮古空港から車で約15分　住 宮古島市平良字荷川取655-2　電 (0980)79-0550　時 11:30～18:00(L.O.17:30)　休 不定休　駐車場 あり

voice 公設市場から徒歩7分にある「宮古島ジュース屋うる」は、地産地消の野菜や果物を使ったスムージーや酵素ジュース専門店。てんさい糖などを使用し体に優しい味わいだ。MAP 折り込み① C1

沖縄料理　エリア 平良市街地　MAP 折り込み① C3

眞茶屋　まっちゃや

公設市場2階のこじゃれたカフェ

島の伝統的スイーツ、宮古ぜんざい700円が人気のカフェ。ぜんざいは宮古小豆、多良間豆、押麦、赤小豆を多良間産の黒糖で炊き上げた素朴な味わいが魅力。

交 公設市場2階　住 宮古島市平良字下里1　電 (0980)72-7727　時 11:00～16:30(L.O.16:00)　休 不定休　駐車場 なし

雑貨　エリア 平良市街地　MAP 折り込み① C3

デザインマッチ　でざいんまっち

パーントゥ＆まもる君デザインが大人気

オーナーでもある下地さんが「海と音楽と島ぐらし」をテーマにデザインしたアイテムが並ぶ。定番のTシャツ3520円～のほか、小物やクッキーも人気。

交 公設市場から徒歩約3分　住 宮古島市平良字下里572-3　電 (0980)79-0239　時 10:00～19:00　休 不定休　カード 可　駐車場 なし

豆腐　エリア 平良市街地　MAP 折り込み① C3

まごとうふ　まごとうふ

日本一になったおぼろ豆腐を味わって

オーナーのおばあが作っていた豆腐を残したいとオープン。研究の末に完成した濃厚おぼろ豆腐は全国豆腐品評会で1位を獲得。豆腐のほか、スイーツも販売。

交 公設市場内　住 宮古島市平良字下里1　電 (0980)79-5341　時 10:00～15:00　休 日曜　駐車場 あり

雑貨　エリア 平良市街地　MAP 折り込み① C2

アトリエ和毛　あとりえにこげ

島民に愛されるセレクトショップ

アーティストでもあるオーナーが作家さんに直接会って、お互いに納得したものだけを置くセレクトショップ。特に琉球ガラスの作品が充実している。

交 公設市場から徒歩約7分　住 宮古島市平良字東仲宗根20　電 090-9787-1232　時 13:00～日没　休 日・水・木曜(イベント時休み)　駐車場 なし

特産品　エリア 平良市街地　MAP 折り込み① B4

島の駅みやこ　しまのえきみやこ

島の代表的なおみやげは何でも揃う

島の物作りを応援するというコンセプトのもと、野菜や果物などが置かれ島民も買い物に訪れる。おみやげ用のお菓子や調味料、雑貨なども充実の品揃え。

交 公設市場から車で約6分　住 宮古島市平良字久松870-1　電 (0980)79-5151　時 9:00～19:00(10～5月は～18:00)　休 なし　カード 可　駐車場 あり

パン　エリア 平良市街地　MAP 折り込み① C2

モジャのパン屋　もじゃのぱんや

飽きのこないおいしさで行列の尽きないベーカリー

夫婦で営むベーカリー。もっちり甘い「まるぱん」は国産の無添加原料を使用。シンプルなおいしさでファン多し。自家焙煎コーヒーやかわいい雑貨もチェック。

交 公設市場から徒歩約7分　住 宮古島市平良字東仲宗根20　電 なし　時 10:00～15:00頃(土・祝日は～12:00頃)　休 日・月曜　駐車場 なし

雑貨　エリア 平良市街地　MAP 折り込み① C3

soramoyo　そらもよう

ワンポイントの魚やヤシの木がかわいい

ハンドバッグやキーケースなどオリジナルデザインの牛革製品が並ぶ。魚やヤシなど南の島らしい刺繍がキュート。リゾートウエアも揃う。

交 公設市場から徒歩約3分　住 宮古島市平良字下里572-3　電 (0980)73-0120　時 11:00～18:00　休 火・金曜(不定休あり)　駐車場 なし　URL soramoyo.ocnk.net

ドーナツ　エリア 平良市街地　MAP 折り込み① C4

Burwood DONUTS　ばーうっど どーなつ

もっちりつまった優しいドーナツ

多良間産黒糖を使用した優しい甘味の生地をオリーブオイルで揚げた口当たりと香りのよいドーナツ250円～が評判。卵、牛乳は不使用。コーヒーも提供。

交 公設市場から徒歩12分　住 宮古島市平良下里816-2　電 なし　時 10:30～17:00(ドーナツはなくなり次第終了)　休 火・水曜　駐車場 なし

Burwood DONUTS は、ニュージーランド留学中に食べたドーナツに感銘を受けたオーナーが、試行錯誤して完成したドーナツを提供。島の人にも好評で、売り切れることも多い。

ホテル　エリア 平良市街地　MAP 折り込み① C2
ホテルピースアイランド宮古島市役所通り
ほてるぴーすあいらんどみやこじましやくしょどおり

全室洗濯機付きの便利なビジネスホテル

平良市街地の便利な立地。各部屋に電子レンジ、乾燥機付き洗濯機などを完備し、長期滞在者にも好評。ダイビング器材洗い場、大浴場もある。

- 交 公設市場から徒歩7分
- 住 宮古島市平良字西里328　電 (0980)79-5071　料 素5800円〜、朝6500円〜　駐車場 あり　カード 可　URL http://www.peace-k.jp/miyako2/

ホテル　エリア 平良市街地　MAP 折り込み① A3
サザンコースト宮古島
さざんこーすとみやこじま

パイナガマビーチが目の前

機能的なシティホテル。目の前のパイナガマビーチで泳いだあとはホテル内のシャワーが使えて便利だ。地元の食材を使用した朝食ビュッフェも好評。

- 交 宮古空港から車で約10分
- 住 宮古島市平良字下里335-1　電 (0980)75-3335　料 朝7500円〜　客室数 101　駐車場 あり　URL h-scm.jp

ホテル　エリア 平良市街地　MAP 折り込み① B2
ホテルローカス
ほてるろーかす

全室オーシャンビューのスタイリッシュなホテル

1人用のコンパクトルームからプライベートプールが付いたプレミアムルームまで多彩な部屋を用意。屋上テラスからはサンセットも楽しめる。

- 交 宮古空港から車で約10分
- 住 宮古島市平良字下里338-40
- 電 (0980)79-0240　料 素5800円〜、朝6500円〜　駐車場 あり　カード 可　URL https://okinawa-uds.co.jp/hotels/hotellocus/

ホテル　エリア 平良市街地　MAP 折り込み① A4
パームスプリングス宮古島リゾート
ぱーむすぷりんぐすみやこじまりぞーと

パイナガマビーチまですぐのキッチン付きホテル

客室はホテルタイプのほかヴィラもある。キッチン・食器類、洗濯機完備で長期滞在も快適。新規オープンの「コンセプトルーム」はSNS映えするデザインで人気。

- 交 宮古空港から車で約10分
- 住 宮古島市平良久貝654-23
- 電 050-2018-7883　料 素7200円〜　客室数 63　駐車場 あり
- URL www.palmsprings-miyakojima.com

ホテル　エリア 平良市街地　MAP 折り込み① C3
ホテル・デ・ラクア宮古島
ほてる・で・らくあみやこじま

市街地にある快適ホテル

大浴場、無料ランドリールーム、テラス付きレストランなどを併設し、女性にも人気のホテル。ふかふかのシモンズベッドで心地よい眠りに導かれる。

- 交 宮古空港から車で約10分
- 住 宮古島市平良字下里523-4　電 (0980)73-1155　料 朝6480円〜　客室数 18　駐車場 あり　URL www.l-aqua.jp

ホテル　エリア 平良郊外　MAP P.102B1
HOTEL LOCAL BASE
ほてる ろーかる べーす

センスが光る10棟のコテージ

ツインとダブルルームの各コテージには専用テラスがあり開放的な雰囲気。併設の「DOUG'S CAFETERIA」で自慢のコーヒーやサンドイッチもいただける。

- 交 宮古空港から車で約8分
- 住 宮古島市平良西里1886-1　電 (0980)79-7305　料 朝9300円〜　客室数 10　駐車場 あり　カード 可　URL hotellocalbase.com

ホテル　エリア 平良市街地　MAP 折り込み① B2
アトールエメラルド宮古島
あとーるえめらるどみやこじま

港に面した全室オーシャンビューのホテル

市街地まで徒歩10分。リゾートホテルとシティホテルの特徴を併せもつホテル。夏期には屋上にスカイプールがオープン。

- 交 宮古空港から車で約15分
- 住 宮古島市平良字下里108-7
- 電 (0980)73-9800　料 朝8000円〜　客室数 137　カード 可　駐車場 あり　URL www.atollemerald.jp

ホテル　エリア 平良市街地　MAP 折り込み① C2
セントラルリゾート宮古島
せんとらるりぞーとみやこじま

2021年にリニューアルし、より快適に

ミヤコセントラルホテルがリブランディングし、新たにAsobi棟がオープン。和室や和洋室もあり、ファミリーにもぴったり。

- 交 宮古空港から車で約10分
- 住 宮古島市平良字西里225　電 0570-040-380　料 素5000円〜　客室数 63　駐車場 あり　URL central-resort-miyakojima.com

 あたらす市場で見かけて購入したミズレモンという果物。パッションフルーツのようですが、酸味が少なくとても美味。なんでも宮古島以外ではほぼ流通していないそうです。3歳になる娘もとても気に入ったみたいです。（横浜市／小さなママさん）

開発の手をまぬがれた静かなエリア

北部・池間島
ほくぶ・いけまじま

新規リゾートやカフェ、ショップなどが続々オープンする宮古島のなかで、比較的開発の手が及んでいないエリア。のどかなドライブが楽しめる。

ココ！

観る・遊ぶ
絶景やパワースポットが点在する

風車が回る西平安名崎や沖合に八重干瀬が広がる池間島、島尻のマングローブ林、そして聖なる島といわれる大神島など、見どころが点在している。

食べる・飲む
飲食店は少ないが、名店には行列も

北部は飲食店が少ないエリアだが、島ダコ料理を提供する「すむばり食堂」やシュリンプワゴンなど個性的な店が点在する。池間島には絶景カフェもある。

買う
雪塩ミュージアムで塩製品をゲット

池間大橋の手前にある「雪塩ミュージアム」は宮古島周辺の海水で作った塩製品が豊富。スイーツからスキンケアまでオリジナルグッズが多数揃う。

泊まる
リゾートホテルや個性あふれる宿が点在

昔ながらの民宿や、プライベートな滞在が楽しめるコテージ、個性的なB＆Bが点在する。近年は高級なリゾートホテルやプライベートヴィラも増えてきた。

平良郊外・北部

絶景 　エリア 北部　MAP P.100A1
西平安名崎
にしへんなざき

そびえ立つ風車が岬のシンボル

宮古島の北西端にある岬。手前には散策が楽しめる「風の公園」があり、展望台からは岬はもちろん北に池間島と池間大橋、西に伊良部島、東に大神島が一望できる。

交 宮古空港から車で約30分　駐車場 あり

マングローブ 　エリア 北部　MAP P.100B2
島尻のマングローブ林
しまじりのまんぐろーぶりん

間近でマングローブを観察できる穴場スポット

入江に沿うように遊歩道が整備され、マングローブ林を間近に観察できる。ヤエヤマヒルギ、オヒルギなどのマングローブが分布し、干潮時にはカニなどの生物も見られる。

交 宮古空港から車で約20分　駐車場 あり

ビーチ 　エリア 池間島　MAP 折り込み⑥A1
幸せのハート岩
しあわせのはーといわ

海に抜けるハート形に癒やされる！

長い年月をかけてハート形に浸食された岩。ハートが見られるのは干潮時のみなので、チェックしてから出かけて。また、光の関係上午前中のほうがきれいに見える。

交 宮古空港から車で約35分　駐車場 あり

カフェ 　エリア 北部　MAP P.100A1
カフェ Irayoi
かふぇ いらよい

古民家カフェでティーブレイク

日替わりの食事やスイーツが人気。人気は島のはちみつナッツパフェ680円や、島コショウのスパイシーチャイ500円。カレーや沖縄そばなどもある。

交 宮古空港から車で約20分
住 宮古島市平良狩俣186-2 16:00　電 080-8573-0387　時 8:00～
休 不定休　駐車場 あり

カフェ 　エリア 北部　MAP P.100A1
宮古きび茶屋
みやこきびぢゃや

搾りたてのサトウキビのおいしさに感動！

自家農園の新鮮なサトウキビを専用のマシンで自分で搾る生搾りジュース750円が人気。搾りたての自然な甘味を味わったあとは、シークヮーサー（100円）を追加して味変を楽しんで。

上／サトウキビを搾る専用の機械　左下／サトウキビスティックはかじってどうぞ　右下／イートインスペースもある

交 宮古空港から車で約20分　住 宮古島市平良字狩俣129
時 10:00～17:00　休 なし　駐車場 あり

特産 　エリア 池間島　MAP 折り込み⑥B2
海美来
かいみーる

池間大橋のたもとにある売店

宮古そば700円やサザエそば1000円などの軽食が揃う。なかでも人気は、沖縄特産紅芋の生地にたっぷりごまをまぶしサクっと揚げた紅芋もち200円。

交 宮古空港から車で約20分　住 宮古島市平良字池間1173-7
電 (0980)75-2121　時 9:30～17:00　休 なし　駐車場 あり

日用品 　エリア 北部　MAP P.100B2
島尻購買店
しまじりこうばいてん

島尻集落の生活を支える店

大神島への定期船の発着地・島尻漁港近くのローカルスーパーマーケット。食品や日用品のほか、一角には島尻集落の奇祭「パーントゥ」関連のみやげ物も置かれている。

交 宮古空港から車で約20分　住 宮古島市平良字島尻533
電 (0980)72-5258　時 9:00～19:00頃　休 不定休　駐車場 あり

歩き方

エリアガイド▼ 北部・池間島／観る・遊ぶ・食べる・飲む、買う

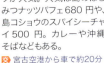

voice 宮古島に自生するマングローブ全種が生息し、干潟の生き物や鳥類も多数生息する島尻のマングローブ。セブンシーズ宮古島（→P.46）でマングローブカヤックを開催しているので、興味のある方は問い合わせてみて。

開発の手をまぬがれた静かなエリア

南部・来間島
なんぶ・くりまじま

平良市街地から南部に下ると、農作地帯が広がりのどかな空気が漂う。東平安名崎、吉野海岸など景勝地が多いのもこのエリアの特徴。

ココ！

観る・遊ぶ

宮古島を代表する絶景を擁する

南部で絶対に外せないのは、島の南東に延びる東平安名崎。パンフレットやポスターにも使われる宮古島の象徴的な存在だ。また、与那覇前浜、吉野海岸、イムギャーマリンガーデンなどの海水浴に適したビーチが多いのも特徴。鍾乳洞の中に奇岩が鎮座する、パンプキンホールもこのエリアの保良泉ビーチにある。一方、来間大橋で結ばれた来間島は人口160人ほどの小さな島。来間大橋を一望できる「竜宮城展望台」や長間浜などが見どころ。

買う

カラフルな宮古そばや南国雑貨を

一風変わったおみやげならばドラゴンフルーツやウコン、ゴーヤなどでカラフルに仕上げられた「ぐるぐるめんや」（→P.73）の宮古そばはいかが？「南国雑貨Tida」（→P.104）には琉球ガラスを使ったアクセサリー、宮古島ビーチTシャツなど、すぐに使えるアイテムが並ぶ。来間島には「美ぎ島雑貨がじゅまる」、「琉球ザッカ青空」（→P.104）などのショップがあり、小さな島にしては驚くほどハイクオリティ。リゾートウエアや雑貨を求めてわざわざ訪れる人もいるほど。

食べる・飲む

農園併設カフェのフルーツやスイーツを

「まいぱり 宮古島熱帯果樹園」（→P.59）や「ユートピアファーム宮古島」（→P.104）のように果樹園とカフェが一緒になった施設では、宮古島の植物に触れながら味覚も堪能できて楽しい。また、城辺には平良市街地からわざわざ訪れる人も多い宮古そばの名店「丸吉食堂」（→P.63）も。そのほか、オーガニックにこだわったパン屋やチーズ工房、アロエベラをウリにする個性派ショップやカフェも点在。ドライブのついでにこれらの店に立ち寄ってみるのも楽しい。

泊まる

大型のホテルが点在するリゾートエリア

宮古島東急ホテル＆リゾートなど、リゾートホテルが点在する。なかでも最大の規模を誇るのがシギラセブンマイルズリゾートだ。100万坪という広大な敷地のなかに、コンセプトの異なる8つのホテル、30店舗以上のレストランをもち、まるでひとつの町のよう。アクティビティも豊富なのでリゾートライフを満喫したいなら最適だ。周辺には、ペンション、民宿、ゲストハウス、一棟貸しのヴィラもあり、中心部から離れたのどかな環境を求めるゲストに人気だ。

102

📷 ダム　エリア 南部　MAP 折り込み③ A1

宮古島市 地下ダム資料館
みやこじまし ちかだむしりょうかん

宮古島の地質や水事情を知る

　水が地下を流れる宮古島では安定した水を確保するために地下ダムが欠かせない。資料館では地下ダムや地層について学べる。

- 交 宮古空港から車で約25分
- 住 宮古島市城辺字福里1645-8
- 電 (0980)77-7547　時 9:00～17:00　休 月曜
- 料 330円(高校生220円)　駐車場 あり

🍜 食堂　エリア 南部　MAP 折り込み② C1

んまや～
んまや～

友利集落にある人気食堂

　じっくり煮込まれた大ぶりの軟骨がのった、とろとろ軟骨ソーキそば900円が人気。プラス200円でジーマミー豆腐やジューシーをセットにすることができる。

- 交 宮古空港から車で約20分
- 住 宮古島市城辺字友利130-3
- 電 (0980)77-7477
- 時 11:00～14:30　休 水曜(不定休あり)　駐車場 あり

📷 レジャー施設　エリア 南部　MAP 折り込み② A2

うえのドイツ文化村
うえのどいつぶんかむら

ドイツの文化を宮古に再現

　ドイツの「マルクスブルク城」を再現した博愛記念館は内部を見学できる。

- 交 宮古空港から車で約15分
- 住 宮古島市上野字宮国775-1
- 電 (0980)76-3711
- 時 9:30～17:30(最終入館17:00)
- 休 火・木曜　料 入園無料。博愛記念館750円、キンダーハウス210円、共通券850円　駐車場 あり　URL www.hakuaiueno.com

🍜 食堂　エリア 南部　MAP 折り込み② B2

キッチンみほりん
きっちんみほりん

初めてでも懐かしく感じる島の味

　うえのドイツ文化村近くにある食堂。いちばん人気はラフテー定食1800円。宮古そば750円やゴーヤチャンプルー定食850円などの定番沖縄料理も豊富に用意している。

- 交 宮古空港から車で約15分　住 宮古島市上野字宮国870-2
- 電 (0980)76-3641　時 11:30～14:30　休 日曜　駐車場 あり

📷 博物館　エリア 南部　MAP 折り込み③ B2

宮古島海宝館
みやこじまかいほうかん

服を着たまま宮古の海を感じよう

　1万2000点もの世界の貝を展示するシェル・ミュージアム。海を一望するレストランや、貝細工などのアクティビティも開催している。

- 交 宮古空港から車で約20分
- 住 宮古島市城辺字保良591-1　電 (0980)77-2323　時 9:00～17:00(最終入館16:30)　休 なし　料 500円　駐車場 あり

☕ カフェ　エリア 南部　MAP 折り込み② A1

トリコファーム
とりこふぁーむ

旬の野菜や果物のスイーツスタンド

　宮古島で農業を営むオーナーが、島の農産物の魅力を発信したいと直売所をオープン。果物やフルーツのスムージーなどを販売する。焼き芋フラッペ800円が人気。

- 交 宮古空港から車で10分
- 住 宮古島市上野字上野388-10　時 11:00～18:00　休 水曜
- 駐車場 あり　📷 @torikofarm_official

📷 展望台　エリア 来間島　MAP 折り込み⑤ B1

竜宮城展望台
りゅうぐうじょうてんぼうだい

竜宮城から眼下の絶景を堪能

　チャイニーズ風のカラーリングが施された展望台。3階の展望フロアからはクリアブルーの海に架かる来間大橋、対岸の与那覇前浜ビーチを一望できる。

- 交 宮古空港から車で約25分　駐車場 あり

☕ カフェ　エリア 南部　MAP 折り込み③ A1

cafe nuis
かふぇ にゅいす

窓の外に広がる牧草畑を眺めながらほっとひと息

　宮古島の食材を用い、体に優しいメニューを提供する。カレーやサンドイッチのほか、各種ケーキ450円も。バリスタ世界チャンピオンが監修したコーヒー400円も美味。

- 交 宮古空港から車で約20分
- 住 宮古島市城辺字福里652-2　電 (0980)77-2154　時 7:30～16:00　休 木・金曜　駐車場 あり　カード 可　URL nuku-mori.jp

---

VOICE 　来間島には「来間島憲法」というものがある。例えば庭にブーゲンビリアを植えること、遊歩道の清掃を行うこと、ゴミを捨てないこと、など。自然を守り景観を保つためのルールだ。ほっと心なごむ来間島は、こうした島人の心がけの上にあったのだ。

カフェ　エリア 南部　MAP 折り込み② A1
ユートピアファーム宮古島
ゆーとぴあふぁーむみやこじま

フルーツパーラーの完熟マンゴー！

マンゴーやパッションフルーツ、250品種以上のハイビスカスが咲く農園。直営のカフェでは、果肉入りソフトクリームなどフルーツたっぷりのスイーツを味わえる。

交 宮古空港から車で約15分
住 宮古島市上野字苗国1714-2　電 (0980)76-2949　時 10:00～17:00(最終入園16:30)　休 日曜　料 入園料480円　駐車場 あり

乳製品　エリア 南部　MAP 折り込み③ B1
宮古島チーズ工房
みやこじまちーずこうぼう

週末限定！　手作りチーズを味わって

ヤギのチーズが好きだからという理由で作り始めた手作りチーズが評判を呼び人気店に。ヤギミルクや牛乳で作ったモッツァレラやスカモルツァチーズが買える。

交 宮古空港から車で約24分
住 宮古島市城辺字保良344-9　電 (0980)77-8064　時 10:00～15:00(土・日曜のみ営業)　休 月～金曜　駐車場 あり

カフェ　エリア 来間島　MAP 折り込み⑤ B1
島茶家ヤッカヤッカ
しまぢゃややっかやっか

ドライブの途中に寄りたい癒やしの空間

店内とテラスで10卓ほどの小さなカフェ。一番人気は1350円。宮古牛のコク旨カレー。宮古島のフルーツや黒糖を使ったジュース、ケーキも揃う。

交 宮古空港から車で約15分
住 宮古島市下地字来間126-3　電 (0980)74-7205　時 11:30～売り切れ次第終了　休 不定休　駐車場 あり

ハチミツ　エリア 南部　MAP 折り込み③ A1
あらぐすくミツバチガーデン
あらぐすくみつばちがーでん

島に咲く花々の濃厚なハチミツ

かわいいログハウスの店内では、島の花々からミツバチが集めた香り高いハチミツを販売。ハチミツをたっぷりかけたはちみつジェラート700円も人気。

交 宮古空港から車で約30分
住 宮古島市城辺字新城795　電 11:30～15:00　休 月・火曜　駐車場 あり

カフェ　エリア 来間島　MAP 折り込み⑤ B1
楽園の果実 cafe & おみやげ館
らくえんのかじつ かふぇ & おみやげかん

手間ひまかけて育てた素材をふんだんに使用

自家農園で育てた野菜やフルーツを使った料理を提供。マンゴーや季節のフルーツをたっぷり使ったパフェや宮古島産黒毛和牛のステーキ丼2860円が人気。

交 宮古空港から車で約20分
住 宮古島市下地字来間476-1　電 (0980)76-2991　時 11:00～18:00(L.O.17:30)　休 なし　カード 可　駐車場 あり

雑貨　エリア 来間島　MAP 折り込み⑤ B1
美ぎ島雑貨がじゅまる
かぎすまざっかがじゅまる

リゾートウエアを現地調達！

リゾート気分が盛り上がる、ファッションや小物のセレクトショップ。磨いた貝を張り合わせたコースターやきんちゃく袋などオリジナルアイテムも並ぶ。

交 宮古空港から車で約15分
住 宮古島市下地字来間104-1　電 (0980)76-2939　時 10:00～18:00　休 不定休　カード 可　駐車場 あり

雑貨　エリア 南部　MAP 折り込み② C2
南国雑貨 Tida
なんごくざっか ていだ

南の島をイメージさせる雑貨が充実

ウイットに富んだデザインTシャツや、陶器と琉球ガラスを組み合わせたアクセサリーなどオリジナルアイテムが豊富に揃う。

交 宮古空港から車で約15分
住 宮古島市上野字新里1214
電 (0980)76-2674　時 11:00～17:00　休 月・木曜　駐車場 あり　カード 可　URL www.nangokutida.com

雑貨　エリア 来間島　MAP 折り込み⑤ B1
琉球ザッカ青空
りゅうきゅうざっかあおぞら

魅力的なやちむんを探すならここ！

小さな店内に並ぶのは、沖縄本島のおよそ30の窯元から仕入れた焼き物や琉球ガラス。個性的な一点物も多いので、気に入ったら即ゲットが鉄則！

交 宮古空港から車で約15分
住 宮古島市下地字来間104-1　電 (0980)76-2440　時 10:00～18:00(短縮あり)　休 不定休　カード 可　駐車場 あり

---

voice 来間島に渡って左手にある駐車場から遊歩道を10分ほど歩くと、タコのモニュメントが鎮座する「タコ公園」がある。海に向かって真っ赤なタコがたたずむ様子はなかなかシュールだ。

佐良浜港を中心とした漁業とサシバの島

伊良部島・下地島
（いらぶじま・しもじま）

2015年に開通した伊良部大橋により、ぐっと身近になった伊良部島と下地島。下地島空港もオープンし、ますます活気づくエリアだ。

ココ！

歩き方

エリアガイド▼南部・来間島／食べる・飲む、買う、泊まる　伊良部島・下地島／観る・遊ぶ

📷 観る・遊ぶ
通り池、青の洞窟など神秘的な景観を楽しむ

北の漁師町、水に恵まれた南の農業集落とふたつの産業に加え、近年急速に発展した観光業からなる伊良部島。その西には水路を挟んで下地島があり、ふたつの島は橋で結ばれている。下地島にある「通り池」は海底で海とつながっているダイバーにも人気のポイント。北部には光が差し込み青く輝く「青の洞窟」がある。

🛒 買う
島の泡盛やなまり節が名物

伊良部島の特産といえば、カツオの加工品。「友利かつお加工場直売店 海跨」（→ P.106）では、伝統的な直火焙乾製法により手間ひまかけて作られた「かつおのなまり節」を購入することができる。また島には渡久山酒造と宮の華、2軒の泡盛酒造所がある。直売をしている酒造所もありおすすめを聞きながら購入できる。

🍴 食べる・飲む
佐良浜漁港で揚がるカツオは必食

沖縄県のカツオのおよそ8割を水揚げする漁師町、佐良浜。今でも伝統的な一本釣り漁が行われ、なまり節やカツオ節造りも盛ん。カツオを味わうなら佐良浜漁港直営の「おーばんまい食堂」（→ P.65）へ。カツオの深い味わいに驚かされる。また、宮古名物うずまきパンも伊良部が発祥だ。

🏨 泊まる
超高級リゾートが続々誕生中

海に面した全室プライベートプール付きの独立ヴィラなど高級ホテルが点在している。マリオットの最上級カテゴリーとなる「イラフ SUI ラグジュアリーコレクション沖縄宮古」などもオープンし、高級化の加速は止まらない。一方で人情あふれる昔ながらの民宿もまだまだ健在だ。今後の伊良部島の展開に注目したい。

📷 池　エリア 下地島　MAP 折り込み④ A2
通り池
とおりいけ

深い藍色の水をたたえる神秘的な湖

下地島の西側にあるふたつ並んだ池の総称。地下でつながっており、太陽の光により微妙に色合いを変える巨大なトンネルはダイバーの憧れのスポットでもある。

🚗 宮古空港から車で約35分　🅿 あり

🏛 史跡　エリア 伊良部島　MAP 折り込み④ B1
サバウツガー
さばうつがー

島民の生活を支えた井戸の跡

1700年初頭、井戸のない佐良浜で飲用水を確保するために作られた井戸。1966（昭和41）年に簡易水道ができるまで250年近く佐良浜の生活を支えた。

🚗 宮古空港から車で約35分　🅿 あり

📷 展望台　エリア 伊良部島　MAP 折り込み④ A1
フナウサギバナタ
ふなうさぎばなた

海岸線を一望できる展望台

宮古の言葉で「船を見送る岬」を意味する。かつては木材をこの崖から海に落として船に積んだという。眼下には美しい海岸線が広がる。

🚗 宮古空港から車で約35分　🅿 あり

📷 展望台　エリア 伊良部島　MAP 折り込み④ B2
牧山展望台
まきやまてんぼうだい

伊良部大橋を一望

1981年に完成した展望台。展望台から海を眺めると右手にはずっと海に延びる伊良部大橋が。晴れていれば左手に池間島まで望むことができる。

🚗 宮古空港から車で約20分　🅿 あり

伊良部島最北端に位置する白鳥崎の涼やかな風が吹きぬける展望台からは荒々しくも美しい海岸線を一望できる。周囲はダイビングスポットとしても有名。

カレー　エリア 伊良部島　MAP 折り込み④ A2
insula curry
いんすら かれー

魚介のうま味が際立つスパイスカレー

　スパイスの香りが漂う店内で味わえるのは、多彩な食材のうま味が融合したカレー。島野菜の酢漬けなど副菜が添えられ見た目も華やか。カレーと一緒に味変を楽しむのもいい。

上／海老と浅利のクリーミーグリーンカレー1350円　左下／シックな内装　右下／ピンクの外観

🚗 宮古空港から車で約30分　🏠 宮古島市伊良部字国仲22
📞 090-7381-4001　🕐 11:30〜16:00(売り切れ次第終了)、夜は予約制　休 不定休　カード 可　駐車場 あり
📷 @insula.curry

イタリアン　エリア 伊良部島　MAP 折り込み④ B1
PRIMONTE
ぷりもんて

イタリアの港町のような路地裏イタリアン

　集落の坂の途中にあるイタリアン。ランチタイムはパスタを、ディナータイムには、ピザや一品料理を提供。ランチの人気は佐良浜産のカツオを使ったトマトパスタ1100円。

上／ランチは＋800円でドリンクやデザートが付く　左下／明るい店内　右下／隠れ家的な雰囲気

🚗 宮古空港から車で約30分　🏠 宮古島市伊良部前里添49
📞 (0980)79-0704　🕐 11:30〜14:30(L.O.14:00)、18:00〜22:00　休 水曜　駐車場 なし　※11〜3月は冬季休業

ピザ　エリア 伊良部島　MAP 折り込み④ A1
BOTTA
ぼった

佐和田の浜に面した極上ピッツェリア

　石窯で焼き上げるクリスピーなローマピザが人気。ピザは1600円〜。ケーキやスムージーなどもある。デザートにはスイーツ系のピザも人気。

🚗 宮古空港から車で約15分
🏠 宮古島市伊良部字佐和田1726-4　📞 (0980)78-5010
🕐 11:30〜16:00　休 火曜　駐車場 あり

かつお加工品　エリア 伊良部島　MAP 折り込み④ B1
友利かつお加工場直売店 海跨
ともりかつおかこうじょうちょくばいてん かいまた

カツオの島・伊良部島のアンテナショップ

　加工場隣に設けられた直売店。直火焙乾製法で加工されたなまり節420〜1700円などカツオを使った手作り商品がおみやげに人気。

🚗 宮古空港から車で約30分
🏠 宮古島市伊良部字池間添249-1　📞 (0980)78-5778
🕐 9:00〜17:00　休 不定休　駐車場 あり

おみやげ　エリア 伊良部島　MAP 折り込み④ B2
いらぶ大橋 海の駅
いらぶおおはし うみのえき

伊良部大橋目の前で買い物や食事ができる

　1階は特産品を扱う売店、2階は宮古そばやゴーヤチャンプルーなどが食べられるレストラン。高台に立ち、見晴らしが抜群。

上／テラスからの見晴らしは抜群　左下／眺めの楽しめるレストラン　右下／おみやげも充実

🚗 宮古空港から車で約20分　🏠 宮古島市伊良部字池間添1092-1
📞 (0980)78-3778　🕐 9:00〜18:00(レストラン11:00〜L.O.16:00)
休 なし　駐車場 あり

Voice　伊良部島国仲の町なかで行列ができているのがなかゆくい商店。お目当ては、紅芋サーターアンダギー(さたぱんびん)110円で、割るときれいな紫色！しかし20〜30分待ちは覚悟しよう。

多良間島

豊かな自然と固有の歴史・文化をもつ島

宮古島から飛行機で約25分、フェリーで約2時間。美しい珊瑚礁の海に囲まれた多良間島は周囲約20km、最高点は標高34mの平坦な島で、島の北に位置する水納島とあわせて多良間村の行政区画となる。沖縄県で唯一「日本で最も美しい村」連合に加盟し、大型観光開発とは無縁の素朴な島旅を楽しめる。

多良間島の歩き方

島の玄関口は空と海のふたつ。距離的には宮古島と石垣島のほぼ中間に位置するが、アクセスはいずれも宮古島からのみとなる。

島の北部にある唯一の集落は、その北側を小高い丘が、南側を抱護林が囲むように形成されている。Aコープと中央スーパーの2軒のスーパーマーケット付近が中心部で、地域振興拠点としてオープンした「すまむねたらま」では観光パンフレットなども入手できる。宿や商店、見どころの多くが中心部から徒歩20分圏内に収まるが、さらに遠くまで足を延ばすならレンタサイクルやレンタカーを手配しよう。集落の外にはサトウキビ畑が広がり、のどかに草をはむ多良間牛の放牧風景が心を癒やしてくれるだろう。

もし道に迷ったなら、慌てず空を見上げて紅白柄の2本の鉄塔を探すこと。鉄塔は島の北部、八重山遠見台の近くに建ち、方角を知るにはよい目印となっている。

多良間独特の島言葉

多良間島には宮古方言と八重山方言、両方の特徴を備えた特異な島言葉が存在する。「たらまふつ（多良間方言）」とも呼ばれるこの言葉は、「i」を「イ」、「m」を「ム゜」、「Li」を「リ゜」とするなど五十音では表現できない特殊な音と表記を有する。実際にどう発音するのか興味のある人は、民俗学習館のスタッフに教えてもらうといいだろう。

島を知るキーワード

生活に根ざした風水集落

琉球風水の思想に基づき設計された多良間の集落。標高の高い北部地形の南麓に集落を形成し、さらに南側を抱護林で取り囲むことで人為的な風水環境を作り、また厳しい自然条件から集落を守る役割をも果たしているのだ。

八重山遠見台からの眺め

豊年祭「八月踊り」

国の重要無形民俗文化財に指定される祭事。人頭税の皆納祝いと次年の豊年を願い神前で舞った奉納踊りを起源とし、旧暦の8月8日から3日、琉球王朝文化の流れをくむ組踊りや古典踊り、島独自の民俗踊りが披露される。

民俗学習館に展示も

海への出入口「トゥブリ」

島の一周道路を外れ海へと続く生活路を島の言葉で「トゥブリ」と呼ぶ。トゥブリとは「海への出入口」の意。海岸線沿いに数十も存在し、島独特の景観を生んでいる。トゥブリにはすべて名前があり、入口に看板が立つ場所もある。

美しい浜への通り道だ

 食事処が不足する多良間島で頼りになるのがスーパーマーケット。特にAコープはお弁当も販売していて、旅行者にとっては心強い存在だ。郷土菓子の「ぱなぱんびん」や、たらま山羊を活用した山羊汁のレトルト食品なども手に入る。

史跡 八重山遠見台
エリア 仲筋　MAP P.108A2
やえやまとおみだい

島を一望できる古の見張り台

標高約34mと島の最高地点にある遠見台。17世紀頃に船の往来を見張るために作られたと伝わる。隣接する展望台からは島全体を見晴らすことができる。

交 多良間空港から車で約20分　住 多良間村字仲筋　駐車場 あり

史跡 土原ウガン
エリア 仲筋　MAP P.108A2
んたばるうがん

土原豊見親春源の親を祀る拝所

八月踊りを公演する聖域。15世紀末に島を統治した土原豊見親春源の父母の居住跡とされている。境内に力強く根を張るアカギやフクギなどの大木も見ものだ。

交 多良間空港から車で約15分　住 多良間村字仲筋　駐車場 あり

資料館 ふるさと民俗学習館
エリア 仲筋　MAP P.108A2
ふるさとみんぞくがくしゅうかん

島の歴史と文化に触れる島内唯一の資料館

芸能、服飾、生活用具など、島の歴史と暮らしを学べる資料館。村内で発掘された考古品や八月踊りの衣装や台本など、貴重な資料を展示している。

交 多良間空港から車で約15分　住 多良間村字仲筋1098-1　TEL (0980)79-2223　時 9:00～17:00　休 月曜・祝日　料 大人200円、小人100円　駐車場 あり

公園 ふる里海浜公園
エリア 仲筋　MAP P.108A1
ふるさとかいひんこうえん

気軽に海水浴を楽しめるビーチ

集落に近い海水浴場。美しい砂浜が広がり、遠浅の海で波も穏やか。トイレやシャワー、バーベキュー設備も整っているため利用しやすい。海の向こうには水納島を望むこともできる。

交 多良間空港から車で約15分　住 多良間村字仲筋　駐車場 あり

voice 多良間島の北約8kmに位置する水納島は、わずか1世帯が暮らす小さな島。多良間島からの定期連絡船はなく、上陸するには船をチャーターするか、またはマリンアクティビティ業者が催行するツアーへの参加が必要。

史跡　エリア 塩川　MAP P.108C3
塩川御嶽とフクギ並木
しゅがーうたきとふくぎなみき

フクギ並木が美しい島を代表する御嶽

古くから島民の信仰を集める御嶽。飛来した2つの霊石がこの地で鎮まったことが信仰の由来と伝わる。参道に続く約650mのフクギ並木と御嶽を囲む植物群落は県指定の天然記念物。

交 多良間空港から車で約20分　住 多良間村字塩川　駐車場 なし

史跡　エリア 塩川　MAP P.108B2
嶺間御嶽
みねまうたき

道にせり出す大アカギが目印の御嶽

中世まで多良間島に存在した祭り、「神名遊び」を伝授した人物である嶺間按司を祭神とする御嶽。入口には推定樹齢500年のアカギの大木がそびえ立ち、神木としてあがめられている。

交 多良間空港から車で約15分　住 多良間村字塩川　駐車場 なし

史跡　エリア 塩川　MAP P.108B3
ピトゥマタウガン
ぴとぅまたうがん

八月踊りが演じられる塩川地区の史跡

塩川地区の八月踊りを奉納する場所。大木が生い茂る広場の中央には土原ウガン同様に舞台が設けられている。史実は未詳だが、土原豊見親春の妻の屋敷跡とも伝えられている。

交 多良間空港から車で約15分　住 多良間村字塩川387　駐車場 あり

史跡　エリア 塩川　MAP P.108B2
シュガーガー
しゅがーがー

島で最も古くから利用された湧水

シュガーガー（「塩川の泉」の意）は自然洞穴の中の湧水で、古くから貴重な水資源として利用された。入口左がウヌスカー（牛用の泉）で右が水浴び用の泉、その奥に飲料用の泉がある。

交 多良間空港から車で約20分　住 多良間村字塩川　駐車場 なし

特産品　エリア 塩川　MAP P.108B2
すまむぬたらま
すまむぬたらま

町なかにオープンした観光拠点

多良間の特産を扱うショップ、ケーキやコーヒーなどが味わえるカフェ、観光パンフレットが揃うコーナーなどを備える観光拠点施設。Wi-Fiもつながる。

交 多良間空港から車で約20分　住 多良間村塩川445-1　電 (0980)79-2828　時 10:00〜18:00　休 水曜　駐車場 あり

カフェ　エリア 仲筋　MAP P.108A3
ヘミングウェイ
へみんぐうぇい

塩職人が営む個性派カフェ

空港内にあるカフェ。店主は多良間の海水を使った完全天日塩「くがにまーしゅ」を作る塩職人。塩入りのソルトコーヒー400円は不思議とまろやかな味だ。

交 多良間空港内　住 多良間村字仲筋2351-7　電 (0980)79-2500　時 フライトスケジュールに準ずる　休 なし　駐車場 あり

特産品　エリア 仲筋　MAP P.108A3
多良間島特産品直売店
たらまじまとくさんひんちょくばいてん

来島記念にレアグッズを手に入れよう

ヘミングウェイに隣接する島唯一のみやげ店。多良間村のゆるキャラ「たらびん」グッズなど、ここでしか入手できないレアものも多い。来店時間にご注意を。

交 多良間空港内　住 多良間村字仲筋2351-7　電 なし　時 フライトスケジュールに準ずる　休 不定休　駐車場 あり

コテージ　エリア 塩川　MAP P.108B2
夢パティオたらま
ゆめぱてぃおたらま

長期滞在にも便利な村営コテージ

フクギの屋敷林と赤瓦の屋根がのんびりとした島旅気分を盛り上げるコテージ。4棟ある洋室にはキッチン、バスルーム、トイレを完備する。Wi-Fiも使用可。

交 多良間空港から車で約20分　住 多良間村字塩川18　電 (0980)79-2988　客室数 14　料 朝夕6600円〜　カード 不可　駐車場 あり

 多良間村役場の南にある多良間幼稚園の南側道路には、1.5mほどの小岩が突き出している。この岩はヌツタスキトウンバラ（命を救った岩）と呼ばれ、かつて大津波に流されそうになった人が岩に登って助かったという伝承が残っている。

宮古島人インタビュー 4
Islanders' Interview

MIYAKONCHU

チーズ作りは経験がものを言う。
作り続けることが成長の近道です

牛とヤギのミルクを使ったモッツァレラ（上）、カマンベールタイプの畑ぬ月（下）

宮古島チーズ工房 **冨田 常子**（とみた つねこ）さん

店頭には常に8種類ほどのチーズが並ぶ。ヤギの乾乳期の12〜4月はヤギ乳チーズは休み

チーズ作りのきっかけは島の牧場を救うため……

　ヤギ汁やヤギ刺しなど、沖縄ではヤギ料理が名物。宮古島でもヤギ料理を味わえるが、今、人気を集めているのはヤギ乳のチーズだ。
「牛のミルク、ヤギのミルク、混乳とさまざまなチーズを作っています」と話すのは、宮古島チーズ工房の冨田常子さん。
「もともと、この場所でベーカリーをやっていたんです。パンに入れるカスタードの原料として島の牧場から牛乳を買っていたのですが、牧場の経営安定のためにもっと牛乳を使ってほしいと頼まれたのがチーズ作りのきっかけです」
　100gのチーズを作るためには、1ℓの牛乳が必要なので、パンよりもかなり多くの牛乳を使うことができるというわけだ。
「北海道のチーズ工房で基本的なチーズの作り方を教えてもらい、あとは試行錯誤を繰り返しながら理想の形に近づけていきました」
　2018年の創業当初はモッツァレラとスカモルツァの2種で、牛乳＋ヤギ乳と牛乳だけの2タイプを用意。宮古島初のチーズ工房として話題になり、2年に1度のチーズコンテスト、ジャパンチーズアワードでも銅賞を受賞した。
　順風満帆な船出に見えるが、工房をオープンして3ヵ月後にチーズ作りのきっかけとなった牧場は廃業してしまう。現在はヤギ乳は沖縄本島、牛乳は石垣島などから仕入れている。
「宮古島にもヤギ牧場が誕生したので、将来的には島のヤギ乳を使いたいですね」

宮古島の食材を使った個性派チーズも評判に

　コロナ禍まではチーズ工房とベーカリーを併設していたが、ベーカリーは休業。チーズ作りに専念し、店頭に並ぶチーズは18種類を数えるまでになった。
「紅芋甘糀に漬けて熟成させた『紅まる』や月桃の葉でチーズを包んで熟成させた『月桃』など、島らしいチーズも好評ですよ」
　今は宮古島に酒造所がある6種の泡盛を使った泡盛ウォッシュチーズを開発中だとか。
「製造から販売までひとりでやってきましたが、島内のホテルからの注文も増えて忙しくなってきたので、スタッフを入れる予定です」
　おみやげとしての知名度も上昇し「うまくいきそうな気がする」と笑う冨田さん。取材中も観光客がチーズを買いにきており、宮古島チーズ工房の商品が宮古島の新しい名産品になっていることを実感した。

南部の保良にあるので、東平安名崎などへ行った帰りに立ち寄るといい

宮古島チーズ工房→P.104

よく知ると、もっと宮古が好きになる

宮古島の深め方
More about Miyakojima

沖縄本島とも八重山諸島とも異なる宮古のカルチャー。
島の成り立ちや歴史、独特の方言にここに暮らす人々のこと。
知れば知るほど、宮古の旅がぐっと楽しくなる。

宮古ブルーと呼ばれる澄んだ海に浮かぶ島々
宮古島の地理と産業

珊瑚礁に囲まれた
8つの島からなる諸島群

　沖縄本島から南西に約300kmの所にある宮古諸島。宮古島、来間島、池間島、伊良部島、下地島、大神島、多良間島、水納島の8つの島からなり、最大の宮古島の面積は158.93km²で、沖縄県内では、沖縄本島、西表島、石垣島に次いで4番目に大きな島となる。珊瑚礁が隆起してできた島に山はなく、島の最高地点は115m。飛行機で降り立つときに窓から見下ろすと島の平らさがよくわかる。

　年間を通して温暖な亜熱帯海洋性気候で、年間平均気温は23℃、冬でも18℃と暖かい。海風が夏の暑さを和らげ、都市部から来るとその暑さも耐えがたいものではなくさわやかに感じるだろう。

およそ120もの珊瑚礁からなる
日本最大級の珊瑚礁群八重干瀬

　池間島の北約5km付近には、八重干瀬（やびじ）と呼ばれる巨大な珊瑚礁群がある。南北約17km、東西約7kmの広大なエリアに、大小合わせて約120もの珊瑚礁が集まり、宮古島近海で見られる250種類のサンゴのうち、大半がここで確認できるという。また、毎年4月の大潮前後の数日間のみ、八重干瀬の一部が海面に現れる珍しい現象も。「幻の大陸」とも呼ばれ、かつては八重干瀬上陸ツアーも組まれていたが、現在は保護の観点から八重干瀬への上陸はできなくなっている。ちなみに八重干瀬が発見されたのは1797年のこと。イギリスのプロビデンス号が八重干瀬の環礁で座礁し沈没したことがきっかけだ。

島の農業を支える
宮古の地下ダム

　宮古島の農業は水不足との戦いだった。島に河川や湖沼はなく、島を形成する琉球石灰岩層は保水性に乏しくほとんどが海に流出。年間2200mmという降水量も、多くが台風によるもので、たびたび厳しい干ばつに見舞われてきた。そんな島の農業を変えたのが2000年にできた地下ダムだ。その名のとおり止水壁を作り、地下に水を貯めるものだ。この完成により、サトウキビの収穫量は1.5倍に増加、亜熱帯性気候を生かしたマンゴーなどのトロピカルフルーツの栽培も始まった。2015年に開通した伊良部大橋には農水管で水を伊良部島に送る設備も。かつて「水なし農業」といわれた島の農業は、驚くべき進化を遂げた。

来間島の竜宮城展望台から見た宮古島本島。起伏のないことがよくわかる

八重干瀬は干潮時の上陸はできないが、スノーケリングツアーで訪れることができる

宮古の農業を変えた地下ダム。地下ダム資料館に行けば詳しく話を聞くことができる

宮古を支える産業

農業
灌漑設備により豊かに

　基幹産業のサトウキビに加え、マンゴーやメロンなどの果物、野菜などが栽培される。また肉用牛（宮古牛）の飼育も盛ん。子牛のうちに内地に出荷されブランド牛となることから、肉質は非常によい。

漁業
カツオ漁を中心に養殖も盛ん

　宮古きっての漁師町といえば伊良部島の佐良浜漁港。県内のカツオの8割が水揚げされ、質もよい。島全体ではクルマエビの養殖に力を入れており、甘味の強いエビは県外の料理店でも重宝されている。

観光業
増え続ける観光客に湧く

　年々増えていく観光客に対応するため、島では急ピッチでホテルの建設やインフラ整備が進んでいる。特に橋が開通し、国際空港の開設が予定されている伊良部島でその動きは活発だ。

たわわに実るマンゴー。沖縄県のなかで生産量はトップレベル

新鮮なカツオは驚くほど歯応えがよく味も濃い

自然を舞台にしたアクティビティで島の魅力を満喫

ほかの沖縄の島々と違い、宮古島にはハブがいない。島の成り立ちとして、陸続きでなかったためハブがいなかったというのもあるが、宮古島の土壌がハブが嫌うアルカリ性ということも原因らしい。

東京から2000km離れた宮古島。漁業、農業がメインだが、美しい海を求めて観光地としても人気を集めている。下地島空港の開設により各地からのアクセスが便利になった。

宮古島の地理と産業

3つの橋が変える島民の生活と島の未来

現在宮古島周辺の4つの島のうち、大神島を除いた3つが宮古島と橋で結ばれている。特に2015年に開通した伊良部大橋は、島の人々の生活環境を改善しただけでなく、観光発展の起爆剤的存在になった。2017年の宮古島の観光客数は98万8343人と過去最高。2016年の70万3055人から40％増という驚くべき伸びを示している。もっとも、これにはクルーズ船の寄港数が急増したことと、クルーズ船の乗組員もカウントされるようになったからという理由もあるが、島全体が観光業で湧いていることは間違いない。宮古島もまたコロナウイルスで打撃を受けたが、続々と新規ホテルオープンの話題もあり、今後が期待される。

沖縄県最長の伊良部大橋。9年の歳月をかけて完成した

宮古島の北に広がる八重干瀬を世界遺産に

八重干瀬は宮古島の北、池間島の約5kmに、南北約17km、東西約7kmにわたって広がる珊瑚礁の集まり。普段は海面下にあるが、春から夏の大潮の干潮時にはその一部が海上に姿を現すことから、かつては「幻の大陸」として祭りや上陸イベントなども行われていた。2013年に天然記念物に指定され、翌年からは上陸が禁止に。以来、いわば自主的な保護活動が続いていたが、2022年、宮古島市は八重干瀬が世界自然遺産登録基準「優れた景観」「地球進化を示す地形・地理」「貴重な生態系」「絶滅危惧種を含む生物多様性」に該当するとして、世界遺産登録を目指すことを発表。世界遺産認定には法律で保護されていることも条件となるため、まずは国立国定公園指定に向けて始動する。そこで2027年度までに生物・地質調査を行いサンゴの分布状況や種類、陸上の希少動植物などを調査。世界遺産登録に足る生物多様性が存在するかどうかを研究するとともに、ヒアリング調査も行い、漁業や観光業などにどのような影響があるかも慎重に検討し、世界遺産登録を目指すかどうかを検討するという。

左／大小さまざまなサンゴが重なり、美しい海中世界が広がる
右／サンゴは生き物たちの大切なすみかとなっている

酒造業
古くから伝わる味を大切に

現在6ヵ所の酒造所があり、泡盛を造り続けている。島人たちの独特の飲み方といえば居合わせた人が口上を述べ、順番に酌み交わすおとーり。民宿などに泊まると参加する機会があるかもしれない。

伝統的な製法を守り、泡盛を作り続ける酒造所も

環境にも配慮した下地島空港

下地島空港は、南国のリゾート風の開放的なデザインが話題だが、エコへの取り組みでも注目されている。ひとつはCO_2排出量が少なく再利用可能な新しい構造材CLT（直交集成版）を使用していること、もうひとつは国が基準とするビルと比較して68％一次エネルギーを減らす、ネット・ゼロ・エネルギービル（ZEB）に取り組んでいること。いずれも革新的な取り組みだ。

CLTの1棟当たりの使用量は日本一だ

voice 古くから森林が少なく家や船の建材は沖縄本島や八重山から運んできていた。最初の植林は、1655年、沖縄から持ち帰った琉球松を島尻地区に植えたのが始まり。ところが人頭税の導入により畑が必要だった地主は次々と森林を切り倒し畑にしてしまった。

宮古島の歴史
過酷な災害と数奇な運命を乗り越えて今に輝く島

有史以前

紀元前2万6000年
宮古島南部の洞穴で化石人骨が発見され後にピンザアブ洞人と命名される。

紀元前1万2500年前～4000年
氷河期が終わり、シャコ貝やイモガイ、サンゴが発達。宮古島の土台ができる。

新石器時代

紀元前2500年前
砂丘からシャコ貝やイモガイで作られたアクセサリーが出土。南方の島々との交流が推測される。

古琉球時代

1317年
宮古人と考えられる婆羅公管下密牙古が中国温州に漂着したとの記述が中国の元史に残されている。

1300～1365年頃
宮古各地に豪族が割拠し、激しい争乱が勃発する。

1365年
目黒盛が与那覇原軍の首長佐多大人を破り、宮古全島を統一。

1390年
与那覇勢頭豊見親が中山に入貢し、宮古主長になる。

1429年
仲宗根豊見親が中山王国に入貢し、宮古主長に任じられる。

1500年
八重山でオヤケアカハチの乱が起きる。この反乱を鎮圧した仲宗根豊見親が宮古、八重山の頭になる。

1583年
下地の頭、栄河氏真栄の妻が織物を尚永王に献上。宮古上布の起源といわれる。

1597年
宮古に甘藷（サツマイモ）が伝わる。

江戸時代

1629年
琉球王の命令で、役人が交代で勤務する在番（ざいばん）制度が始まる。

1637年
人頭税制度が始まる。

1655年
白川氏恵根が、沖縄本島に出張した帰りに小さな琉球松を持ち帰り、宮古で初めて植林を行う。

1740年
疱瘡（天然痘）が以後6年間流行する。

1767年
疱瘡の予防法として、感染者の痘をワクチンとして植え付ける人痘法が宮古島の一部の人に実施される。1741年には、本島より3名の医師が派遣される。

1771年
明和の大津波。津波の高さは36mから39m。2548人が死亡。

1778年
大津波の復興祈念として池間島で伝統祭祀「ミャークヅツ（宮古節）」が始まる。

1797年
5月17日、池間島の八重干瀬で、イギリスの探検船プロビデンス号が座礁。島の人々は救助に尽力した。

明治～昭和

1842年
3月5日から10日間の間に地震が67回発生。

1844年
イギリス海軍の調査船サマラン号が宮古島に到着。14日間にわたり宮古島各地の調査を行う。

1852年
台風の後に干ばつが発生し、多くの島民が犠牲になる。翌年コレラの発生も重なり死者3000人以上となる。

1871年
宮古島の年貢船が台湾に漂流。54人が殺害され乗組員8人を救助する。

1873年
7月9日、ドイツ商船ロベルトソン号が台風のため上野の宮国沖で座礁。

1876年
ドイツ皇帝ヴィルヘルム1世が軍艦を宮古島に派遣し、博愛記念碑を立てる。

1879年
明治政府は沖縄に廃藩置県を公告し、沖縄県となる。

1903年
人頭税が廃止される。

古琉球時代
豪族の力をしのばせる壮麗な墓

15世紀後半から16世紀にかけて宮古を治めた仲宗根豊見親（なかそね とぅゆみゃ）。石垣島のオヤケアカハチが反乱を起こした際には制圧を申し出るなど、宮古の立ち位置を固め、琉球王朝と良好な関係を築き、安定した基盤作りを進めた。地元では治水事業に取り組むなど暮らしの向上に努め信頼があつく、その壮麗な墓からも、当時の豊見親の影響力がしのばれる。

階段を下りていくと水をたたえる井戸がある

江戸時代
266年も人々を苦しめた過酷な人頭税

1637年に始まった人頭税。琉球王朝が薩摩藩に収める税を、宮古や八重山群島からも徴収する目的で始められた。その内容は過酷を極め、15～50歳の男女全員に支払い義務があった。特に身分の低い人々からの取り立ては厳しく、その支払いのため寝る間もなく働き続けたという。明治になってもこの税制は続き、1903年、266年も続いた人頭税はようやく廃止されることになった。

人頭税石。この石の背の高さになると税が課せられたといわれている

漲水御嶽近くに「ネフスキー通り」と呼ばれる石畳の道がある。これはロシアの学者、ニコライ・ネフスキーにちなんだもの。1922年から数回にわたり宮古島で調査を行ったネフスキーは『月と不死』など重要な研究結果を発表した。

宮古島の歴史

深め方

琉球や大陸の影響を強く受けた宮古島。歴史を振り返ると、島ならではの過酷な災害や環境にひたむきに向き合う人々の姿が見えてくる。島の歩んできた歴史に思いをはせてみよう。

History of Miyako

明治～昭和

- **1905年** 久松五勇士が、「バルチック艦隊見ゆ」を通報。
- **1913年** 海底電信が開通。
- **1915年** 宮古で初の新聞社ができる。
- **1920年** 台南製糖宮古工場（現沖縄製糖）ができる。
- **1935年** 当時の皇太子（平成天皇）が乗馬のために、宮古馬を選ばれる。

米国統治時代

- **1945年** 空襲により平良の大半が消失。
- **1947年** 平良市が誕生。
- **1956年** 宮古空港開設。
- **1966年** 宮古島すべての島で電力の供給が始まる。

昭和時代

- **1972年** 沖縄の本土復帰。
- **1974年** 多良間空港開設。
- **1979年** 下地空港開設。

平成時代

- **1992年** 池間大橋完成。
- **1995年** 来間大橋完成。
- **1996年** 上野村にドイツ文化を紹介するテーマパーク「うえのドイツ文化村」が完成。
- **2000年** 地下ダム完成。
- **2005年** 平良市、城辺町、上野村、下地町、伊良部町の5市町村が合併し、宮古島市が誕生。
- **2015年** 伊良部大橋完成。
- **2019年** 下地島にみやこ下地島空港ターミナル完成。

青い海に映える来間大橋

平良郊外にある久松五勇士の偉業をたたえる碑

宮古上布の数奇な運命

今から約400年前、琉球の船が嵐で沈没寸前となった。そこに乗り合わせていた宮古の洲鎌与人・真栄が、海に飛び込み船の故障を直し、全員の命を救った。これに感謝した琉球王は、真栄を間切頭主という名誉ある職に任命。それを喜んだ妻、稲石は、得意の織物を王に献上したところ、たいそう美しい織物に王も絶賛した。これが宮古上布の始まりという。

ところが1637年から制定された人頭税では、宮古上布も課せられ、村の有能な織女は、課役を免除される代わりに織物を織り上げなくてはならなくなった。次第に高くなる要求に、織女たちは精魂尽き果て、数ヵ月の後には毛髪も抜け落ちたという。

1903年に人頭税が廃止されたあとは、宮古上布は隆盛を極め、最盛期には年間生産量1万反に達したが、1950年頃から急激に落ち込み現在の生産量はわずか年間20反ほどだ。宮古織物事業協同組合を発足し、技術の継承と品質保持に努めている。

宮古上布について知りたいなら宮古島市伝統工芸品センター（MAP P.102B1）へ

明治～昭和期
宮古島にドイツの城がある理由

宮古島南部に「うえのドイツ文化村」がある。その由来は1873年にまで遡る。中国からオーストラリアに向けて出港したドイツの商船「R.J.ロベルトソン号」は台風で遭難。今のドイツ文化村の沖合で座礁する。これを発見した役人がサバニを漕いで救出に向かい、手厚く介抱したという。これに感謝したドイツ皇帝は3年後に軍艦を派遣。博愛精神を賞賛する記念碑を立てた。これが宮古とドイツの交流の始まりだ。

シンボルの城はドイツの古城マルクスブルク城を再現

昭和～平成
漁業、農業に加え観光業が島の基盤に

昭和・平成に入ると、灌漑用水の確保のための地下ダムの整備や、周辺離島との橋が完成し、島民の生活は徐々に向上。特に近年は、美しいビーチをはじめ豊かな自然環境に注目が集まり、2017年には98万人の観光客が訪れるほどの人気ぶりだ。2015年に伊良部大橋が開通した伊良部・下地島には2019年に国際空港も開業した。さらなる島の発展に注目が集まる。

島民の悲願かなって開通した伊良部大橋。3540mもの長さを誇る

 1928年5月21日から27日にかけて、宮古島各地を数百万匹のトノサマバッタが襲い島の農作物に甚大な被害をもたらした。発生源であるフィリピンのルソン島から島伝いに渡ったとしても700km以上。どうやって飛来したかはいまだ不明だ。

歴史と自然を感じるイベントがいっぱい！
宮古島の祭り歳時記

| 1月 | 2月 | 3月 | 4月 | 5月 | 6月 |

祭り＆イベント

ワイドーマラソン
- 1月
- 宮古島市 下地公園

宮古島を1周する100km、50km、22kmのマラソン。特に100kmの部は伊良部大橋、来間大橋、池間大橋の3つの橋を渡るコースとなっており、絶景の中を走り抜ける。

100kmの完走を目標に島外からの参加者も多い

全日本トライアスロン宮古島大会
- 4月
- 宮古島市

1985年から開催されている大会。スイム3km、バイク157km、ラン42.195kmのコースで宮古島中をくまなく巡る。

体力自慢の男女1500名が参加する

海開き
- 4月
- 宮古島 下地与那覇

宮古島の海開き。東洋一美しいといわれる前浜ビーチで各種イベントが行われる。

本格的な宮古島の夏を告げるイベント

ハーリー（海神祭）
- 旧暦5月4日
- 宮古島の各漁港

1年間の航海安全と漁業の安全を祈願して行われる伝統行事。クイチャーという踊りを踊ってから、サバニと呼ばれる小型漁船でレースを行う。

多良間島ピンダアース大会
- 5月
- 多良間島

多良間ピンダ（ヤギ）が角をぶつけ合い強さを競う迫力ある大会。10月にも催される。

2010年から始まったイベント

東平安名崎のテッポウユリ
- 3月
- 東平安名崎

東平安名崎を3月下旬〜4月にかけて真っ白なテッポウユリが彩る。

青い海と純白の花の見事な競演

ツール ド 宮古島
- 6月
- 宮古島市

114km、83kmのサイクリング部門、136km、74kmのロードレース部門で競われる。

計600名が宮古の爽快なロードレースに挑む

多良間島のスツウプナカ
- 旧暦5月
- 多良間島

農作物の収穫の感謝と健康祈願を行う祭祀。男性たちが「ヒーヤ、ヤッカ、ヤッカ」とはやし立てながら神酒を酌み交わす。

島の4つの祭場で神事が行われる

宮古島のおもな行事

ハーリー（海神祭）

旧暦の5月4日（ユッカヌヒー）に行われる祭り。パイナガマビーチ、上野博愛港、島尻漁港、真謝港などの港で、1年の航海安全と大漁を願ってサバニという小型漁船でレースが行われる。沖縄県内の各地で開催されるが、宮古島では参加者全員でクイチャーを踊ってからスタートするのが特徴。その後、御願（うがん）ハーリーが行われ、大漁旗をたなびかせた小舟が華やかに海を彩る。

地元の高校生がサバニに乗って競う

多良間の八月踊り

旧暦の8月に催される多良間島の伝統芸能。起源は定かではないが、1637年に宮古、八重山で実施された人頭税制度に苦しめられた島人が納税の報告をし、豊年を祈願し納税の苦しみを慰めたのではないかと考えられている。8月踊りは3日にわたって開催され、1日目は古典踊りと組み踊り、2日目は民俗踊りや古典踊り、3日目は別れと称してそれぞれの中筋、塩川の両字に分かれて1日目、2日目に演じられた踊りを踊る。

首里から民族踊りが加わったのは、明治になってからだという

10月の土・日に宮古島に行こうとしたらまだシーズンオフなのに、飛行機も宿もまったく取れなくてびっくり。聞けばロックフェスの日でした。イベントのある日に限らず、最近の宮古島は宿が取りにくいので早めの予約が安心です。（東京都／ぺこりんさん）

宮古島の祭り歳時記

Festival of Miyakojima

小型漁船サバニで競う祭りハーリー（海神祭）や、来訪神パーントゥが泥を塗りたくる奇祭などの伝統行事からトライアスロン、有名アーティストが集うロックフェスなど、1年中楽しいイベントがめじろ押し！

祭り＆イベント

7月

■ サニツ浜カーニバル
❖ 7月　● 宮古島市下地与那覇湾（サニツ浜）
干潮時に現れる広大な干潟で、ビーチドッジボール、綱引き、宮古角力などのスポーツ大会を行う。

700ヘクタールにわたる広大な干潟が舞台

■ 宮古島夏まつり
❖ 7月　● 宮古島市
漲水御嶽で豊年祈願を行ったあと、ダンスパフォーマンス、駅伝、カラオケ大会などさまざまなイベントが行われる。

フィナーレは夜空を彩る1000発の花火

8月

■ ダンケフェスト
❖ 8月　● うえのドイツ文化村
うえのドイツ文化村で催される夏のイベント。「ドイツ生ビール早飲み大会」、野外ライブなどで盛り上がる。

ドイツにちなんだイベントを楽しもう

■ 多良間の八月踊り
❖ 旧暦8月8日～10日　● 多良間島
豊年祭で演じられる踊り。多良間の人々の喜怒哀楽がコミカルに演じられる。国の重要無形民俗文化財に指定されている。
400年にわたり継承される祭事

■ オリオンビアフェスト
❖ 8月　● 宮古島市
オリオンビールを飲みながら、人気アーティストのライブが楽しめる。フィナーレには花火も。
石垣、宮古、コザで行われるビアフェスト

9月

■ パーントゥ
❖ 旧暦9月上旬　● 宮古島市島尻
仮面をかぶり泥を全身に塗ったパーントゥが無病息災を祈り泥を塗りたくる奇祭。

10月

■ MIYAKO ISLAND ROCK FESTIVAL
❖ 10月　● 宮古島市
2005年から始まった、野外音楽フェス。例年10組程度の豪華なアーティストが出演し、本土からもツアーが組まれる盛り上がりを見せる。

■ カギマナフラ
❖ 10月　● 宮古島市
ハワイから審査委員を招いてインターナショナルフラコンペティションを開催。野外ステージでフラと無料ライブが楽しめる。

国内外のフラチームの踊りが見られる

■ 伊良部トーガニ
❖ 10月中旬　● 伊良部島
伊良部島の伝統民謡「伊良部トーガニ」を歌って競う祭り。三線の伴奏に合わせて情愛を歌う。

■ なりやまあやぐ
❖ 10月中旬　● 宮古島市インギャービーチ
宮古民謡の「なりやまあやぐ」の継承を目的に開催される祭り。海上に作られた舞台で歌を競う。

11月

■ クイチャーフェスティバル
❖ 11月　● 宮古島市
五穀豊穣や雨乞いなどの場面で踊られるクイチャー。祭りでは地域ごとに異なるクイチャーを披露する。

■ 多良間島一周マラソン
❖ 11月　● 多良間島
「日本で最も美しい村」多良間村で開催されるマラソン。3km、5km、10km、23.75kmがある。

島に語り継がれる伝統民謡

12月

■ うえのドイツ文化村イルミネーションフェスト
❖ 12月下旬～1月上旬　● うえのドイツ文化村
クリスマス、年末年始期間に合わせて園内をライトアップ。ゲーム大会やビンゴも開催される。

南国の島のイルミネーション

パーントゥ

島尻と上野地区の2地区で行われる悪霊祓いの伝統行事。島尻と上野原の2エリアで年3回開催されるが、特に奇祭として有名なのは島尻で旧暦9月に行われる祭り。仮面を着け、全身に蔦をまとい、泥を塗られた来訪神のパーントゥが、悪霊祓いのため、人や民家に泥を塗りたくる。泥は悪臭を放ち、数日悪臭を放つという。1993年に重要無形民俗文化財に指定されている。

あまりの恐ろしさに泣き叫ぶ子供も多い

クイチャー

豊作や雨乞い、また娯楽として各集落ごとに受け継がれてきた踊り。クイ（声）をチャース（合わせる）が語源と言われ、声を合わせて歌いながら、手拍子を打ちつつ、飛びはねたり、大地を踏みしめる動作を繰り返す。最近では三線の伴奏がつくことも。男女が輪になり共に歌ったり、掛け合いをしたり、そのスタイルはさまざま。クイチャーフェスティバルでは、伝統的な踊りと創作クイチャー、両方の踊りが繰り広げられる。

三線などの楽器を使わないのもクイチャーの特徴

---

voice　一時期島尻のパーントゥの知名度が上がり、全国から続々と観光客が訪れたが、心ない観光客のひとりが泥をつけられたことに怒り、パーントゥを殴るという事件が発生。見物に行く際は、現地の習慣を尊重するのが大前提だ。

宮古の交通安全を守る20兄弟
宮古島まもる君巡礼の旅

スピード出すな〜

あがんにゃ！

1996年から宮古の地で勤務

　彼の名は「宮古島のまもる君」という。1996年に交通安全協会が宮古島内に交通安全を目的に5体を設置して以来、その勤労成果が認められ、現在20体が宮古島で勤務。猛暑でも台風でも、昼夜問わず、不眠不休で交通安全警備にあたる。ちなみに20体全員が兄弟だ。

　まもる君の人生は必ずしも順風満帆ではなく、これまでにヘルメットや足を殴られたり、落書きされたり、出会い頭の交通事故に巻き込まれたりと、さまざまな苦難があった。しかし、島民からの信頼は厚く、少女ふたりのローカルユニット「パニパニJr」が『宮古まもる君の歌』をリリースするとたちまち大ヒット、島のみやげ物店では、必ずといっていいほどまもる君をあしらったグッズを目にする。しかし当のまもる君はそんなことお構いなし、今日もクールに勤務にあたっている。

Hot to まもる君めぐり
交通事故には要注意！

　各地に点在するまもる君を探すのはなかなか難しい。しかももまもる君が立っているのは基本的に交通事故が発生しやすい場所。見通しが悪い交差点だったり交通量が多いところなので、写真撮影には十分気をつけよう。マナーとルールを守って楽しもう。

もっとまもる君を楽しむ方法

表情をチェック
凛々しい者、気弱そうな者などその表情はさまざま。

左／長年の勤務の疲れを感じさせるまもる君の表情もチェック　右／少し不満気な西原入口

妹にごあいさつ
実はまもる君には妹まる子ちゃんがいる。凛とした美人だ。

まもる君とともに宮古警察署前で警備にあた

風景の中のまもる君を楽しむ
まもる君の勤務地のなかには風光明媚な場所も。写真撮影に最適。

ピンクの古城の前で胸を張る。ドイツ村入口にて

まもる君っぽくなってみる
東平安名崎のたもとにある顔出しパネル。カップルでぜひ。

隣の看板の警告文は、方言が高度過ぎるきらいも

2011年頃からリアルまもる君が出没している。おもにマラソン大会に出走して完走するのが目標のようだ。まもる君の業務日誌はホームページをチェック。異動の多いまもる君の最新配置図も掲載されている。　URL realmamorukun.com

宮古島まもる君巡礼の旅

深め方

宮古島をドライブしているとたびたび目にする警官姿の人形。果たしてこれはいったい――。宮古に点在するまもる君、20体を訪ねてみよう。

Looking for Mamorukun

✓ **何人に会えるかな？**

宮古島まもる君勤務地 MAP

まもる君は異動する！
まもる君は交通事故の多いエリアにたびたび異動する。このマップの場所にいないこともあるが島内のどこかにはいるはず！

※勤務地は2024年5月時点のもの

✎ 見つけたらチェックしよう

❶ 宮古空港
❷ 宮古島警察署
❸ 電水前
❹ 空港南
❺ 陸上競技場前
❻ 郡農協前交差点
❼ 西原入口
❽ 狩俣線
❾ 大栄生コン前
❿ 皆愛交差点
⓫ 下地小学校前
⓬ 西西バス停
⓭ ドイツ村入口
⓮ 上野入口
⓯ 上野小学校前
⓰ 友利線下里添
⓱ 伊良部島交差点
⓲ 池間島
⓳ 多良間島
⓴ 平良交番（みつお君）

voice 2003年の台風で負傷して以来、一線を退いていたみつお君が、なんと2020年9月に復帰した。場所は平良交番前。長らくファンの間では幻の20体目といわれていたみつお君の凜々しい姿を見に行こう。

119

奇岩と神の島 大神島（おおがみじま）へ

宮古島周辺にある有人島のなかで、唯一宮古島との間に橋が架けられていないのがこの大神島。現在わずか18名の島民が静かに暮らすこの小さな島は昔から「神の島」と崇められ、立ち入り禁止の聖域や秘祭が今なお残る。マナーを守って散策しよう。

① 並び立つ奇岩（ノッチ） 岩の根元が長年の浸食により削られたことでできた奇景。干潮時を狙って訪れるといい

畏れと好奇心を胸に
パワースポット・大神島を歩く

「神さまに選ばれた人しか行けないのさ」。大神島へと向かう船上で、昨夜居酒屋で交わした地元客との会話をひとり思い出していた。

神の島──。その仰々しい惹句も、こと大神島に関しては過言ではない。祖神祭り（ウヤガン祭）はその最たる例。老女が山の御嶽に数日こもった後に現人神となって村に下りるというこの祭礼は、部外者も島の男性も禁制という正真正銘の秘祭だ。ほかにも「キャプテン・キッドの財宝が眠る」「一周道路を建設中にたたりが起こって断念した」など、この島は不可思議なエピソードに事欠かない。

大神漁港船着き場に到着すると、ほかの乗客はひと息つく間もなく三々五々島内に消えてしまった。さてどうしたものかと島の地図をじっくり眺め、まずは島で最も標高の高い遠見台を目指すことにした。土地の全容を知るにはまず高台へ。それが旅の基本である。

旅先では路地の探索も楽しみのひとつだが、ここは聖なる島。小道への立ち入りは禁じられている。遠見台へ向かう道中に集落で見かけた「観光歓迎探検無用」の立て札は、島民の偽らざる思いなのだろう。

集落の突き当たりに登山道の入口はあった。吹き出す汗を拭い、そこから急勾配の木製階段をさらに3分ほど上ると、木々に覆われていた視界が開けて山頂がついに姿を現した。

頂上手前の大岩は信仰の対象らし

急坂を下る途中で出くわした島のワンシーン

く、岩の前には拝所が設置されていた。呼吸を整え一礼し、ひとり厳かな気持ちで展望台に立つ。船着き場とその左にあるカミカキュの岩がすぐ目に入り、遠くには城辺地区あたりだろうか、宮古島の影がうっすらと水平線上に浮かび上がっていた。

霊験あらたかと形容するには大げさな、とりとめのない景色。あるいは腹の底が知れないと表現すべきか。「観光歓迎詮索無用」。そんな言葉がふいに頭をよぎり、もう一度大岩に一礼すると足早にその場を立ち去るのであった。

宮古島の島尻港から定期便が発着。片道15分、往復670円

深め方

奇岩と神の島 大神島へ

② **御嶽のある風景** 突然のスコールに慌てて逃げ込んだら、そこは御嶽。島にはいたるところに御嶽がある

③ **途絶えた一周道路** 一周道路の建設中、重機の故障や工事関係者の原因不明の病気が相次いだことから工事は中止となった

④ **船が唯一の交通手段** 橋で結ばれていない大神島は、船でしか行くことができない。釣り客や海水浴客も多い

⑤ **島の貴重な憩いの場** 船着き場からほど近く。名物はカーキダコ丼1200円。カーキダコはタコの燻製のことで島の特産品だ

おぷゆう食堂
住 宮古島市平良字大神130
時 10:00～17:00　休 なし

⑥ **遠見台からの眺め** 晴れた日にはヌケのよい景色が楽しめる。山頂にたどり着く手前には池間大橋が望めるスポットも

⑦ **カミカキゃと呼ばれる奇景** 多目的広場向かいの海岸沿いには、誰かが配置したかのようにきれいに奇岩が並ぶ

⑧ **神さまの通り道** 御嶽の正面の岸壁は一部が削りとられている。神の通り道をじゃましていたからとのことらしい

 社会学的な目的で島を訪れた人物は1938年に来島した河村只雄が初めてと考えられている。彼が著した『南方文化の研究』には当時の貴重な大神島の様子がつづられ、禁忌とされる祖神祭り（ウヤガン祭）の調査を敢行したことにも触れられている。

んみゃーち！いらっしゃい！

ここは外国!? 独特の言葉を知ろう

島言葉

同じ沖縄でも沖縄本島と全く違う方言を持つ宮古島。「ようこそ」を意味する「んみゃーち」をはじめ、んから始まる言葉が多いのが特撰。平良中心部と伊良部島や多良間島などの周辺離島とは若干言葉が異なるが、平良の言葉をメインにご紹介。

東

番付	意味	島言葉
横綱	んみゃーち	
大関	ありがとう	たんでぃがーたんでぃ
大関	きれい	あぱらぎ
大関	楽しい	んむっし
関脇	上品な	ぱにぱに
小結	元気	
小結	うれしい	ぷからす
前頭	家族	やーでぃ
前頭	おじいさん	じゅう
前頭	お父さん	うや
前頭	お年寄り	ういぴとぅ
前頭	男	びきどぅん
前頭	太陽	てぃだ
前頭	暖かい	いん
前頭	海	
前頭	美しい島	かぎすま
前頭	パパイヤ	まんじゅう
前頭	みそ汁	んっす
前頭	食べる	ふぁーう
前頭	命	んぬうつ
前頭	夕立	まーずあまかじ
前頭	風	かじ
前頭	南	パイ
前頭	東	あがり
前頭	山羊料理	ぴんざすー
前頭	愛嬌のある	あまいあまいてぃ
前頭	お金持ち	じんむーきー
前頭	ふるさと	んまりずま
前頭	太っている	うーだ
前頭	頑張れ	わいどー

西

番付	意味	島言葉
横綱	ごめんください	かーさーちー
大関	ごめんなさい	まつがいどー
大関	美しくない	んずぎ
大関	こわい	うとぅるす
関脇	いらいらする	かさます
小結	痛い	あが
小結	残念	んぞーさ
前頭	友だち	どぅす
前頭	おばあさん	んま
前頭	お母さん	あんな
前頭	若者	ばかむぬ
前頭	女	みどぅん
前頭	星	ぷす
前頭	畑	ぱり
前頭	忘れられない	ばっしらいん
前頭	海ぶどう	んきゃふ
前頭	お米	まーず
前頭	ひもじい	やーすやーす
前頭	祖先	がんす
前頭	台風	かじふく
前頭	虹	てぃんばう
前頭	西	いり
前頭	北	にす
前頭	足てびち	わーぬぱく
前頭	いたずら小僧	ぼーちらふふぁ
前頭	貝	こーやー
前頭	おみやげ	とぅすとぅ
前頭	痩せている	がびょう
前頭	神だのみ	かんむにだー

じんなにゃーん お金がないんだ

なにか食べる? のーがら ゆふぁーでぃ

しなゆどぅずが 貝を拾いに行こうよ

やーすばに お腹空いたなー

---

voice 「ん」から始まる言葉が多いことにも驚くが、さらにびっくりなのが多良間島の方言の「イ゚」「リ゚」「ム゚」。もはやどう発音していいのかもわからない。そのほか、多良間島では宮古島とはまったく違う方言が残り、ありがとうは「すでぃがぷー」と言う。

旅行前にチェックしておきたい
宮古島の本＆CDセレクション

独特の文化・風習をもつ宮古島。旅行前に知っておけば、旅の楽しさもよりいっそう増すもの。珠玉の宮古島民謡は帰宅後聴くと感動もひとしお。

深め方

島言葉／宮古島の本＆CDセレクション

本
『沖縄の宮古島100の素顔
　—もうひとつのガイドブック』
沖縄の宮古島100の素顔編集委員会
東京農業大学出版会　1760円
宮古島の気候、生態系、農業、文化などを凝縮した一冊。写真も多く、宮古島の風土を理解するのに役立つ。

本
『ていねいに旅する沖縄の島時間』
かいはた　みち
アノニマ・スタジオ　1760円
沖縄在住の著者が宮古島をはじめ14の離島で出会った島の魅力を紹介。沖縄を流れる緩やかな時間を美しい写真と文章で綴る。

本
『白龍の神導き
　沖縄 宮古島・伊良部島』
吉岡学
ハートランド龍級　3080円
伊良部島を訪れたときに見た白龍に導かれ、伊良部民俗のルーツを探る旅に出た著者の不思議な体験を綴った一冊。

本
『沖縄のデザインマンホール図鑑』
仲宗根 幸男著
ボーダーインク　1760円
沖縄・那覇市を発祥とするデザインしたマンホール蓋。本島はもちろん、宮古島などの離島のマンホール蓋も紹介。マンホール好き必読の一冊。

本
『沖縄・奄美の島々を彩る歌と踊り
　民俗芸能の伝統と創造をめぐる旅』
久万田 晋著
ボーダーインク　2640円
沖縄奄美の民俗芸能を長年にわたり調査研究してきた著者が、ていねいな解説と豊富な写真で紹介。

（全国各地でライブしてます）

CD
『GAFU』
下地 勇
ARIZE　2500円
宮古島市平良出身のアーティスト。オリジナル曲のほとんどをミャークフツ（宮古方言）で歌う。全国で活躍中。

CD
『Myahk』
下地 暁
LAGOON Music Entertainment　1500円
宮古島市城辺出身。島の方言を歌で次世代につなげたいと宮古島を拠点に活動。音楽活動とともに伝統芸能の継承にも力を入れる。

CD
『IKEMA 池間島 古謡集
南嶋シリーズ』
ABY RECORDS　2365円
1970年代に録音された池間島の民謡を音楽家の久保田麻琴が復刻リマスター。圧倒的なグループ感は鳥肌ものだ。

CD
『MYAHK 宮古 多良間 古謡集
南嶋シリーズ』
ABY RECORDS　2365円
久保田麻琴が出会った宮古の古謡。サハラやカリブ音楽にも似たリズミカルで伸びやかな音楽は必聴。

CD
『沖縄・宮古の神歌』
キングレコード　1851円
2008年、宮古・池間地区の儀礼にて録音されたもの。古くから受け継がれてきた神にささげる歌を収録した奇跡の一枚。

（心震える魂の歌）

DVD
『スケッチ・オブ・ミャーク』
マクザム　3606円
宮古島に伝わる知られざる歌、古謡（アーグ）と神歌を歌いつなぐ90歳を超える歌い手たちの深淵なるドキュメンタリー。

映画、ドラマのロケ地としても使われている。例えば、NHKの連続テレビ小説『純と愛』では、伊良部島のホテルサウスアイランドが舞台に。2000年の映画『ケイゾク』は東平安名崎やうえのドイツ文化村で撮影されている。

何年も通い続けた宮古島に縁を感じ移住を決意
島に恋して

Falling in Love with Miyakojima

個性的な体験プログラムを通して宮古島の"人"の魅力を伝える

プラネット・フォー代表
中村 良三さん

島に暮らしながら地域活性化に貢献

中村良三さんと宮古島の関係は1996年に始まる。大手企業の地域事業の担当として、今では誰もが知っている「雪塩」の開発に携わってのことだった。雪塩の製品化に目途をつけた中村さんは、地域作りのコンサルタントに転身。全国各地を飛び回るなかで、2011年頃から再び宮古島の地域活性化事業に携わることになった。

「仕事でカツオフォーラムに参加したとき、伊良部漁協の方にお世話になったのがきっかけです。最初は東京と宮古島を行ったりきたりしていたのですが、通っているうちによい関係ができてきた。この島とは縁があるなと感じました」と2014年に移住を決意。

「地域作りをやるなら、地域に入り込んでやりたい」という気持ちも後押ししたという。現在は「宮古島ひとときさんぽ」という事業を立ち上げ、町歩きや漁師体験などの体験ツアーを手がける。

「宮古島は人がおもしろい。5万人近くの島民の多くが宮古島の生まれ育ちで、それによって都会とは別の価値観が残っている。それを伝えるには体験ツアーがいちばんだろうと思っています」と中村さん。

「見えない価値を見える化して伝えるのが僕の仕事。主役は地域やそこに住む人々ですから、サポート役としてがんばります」

1. 伊良部のカツオ一本釣りについて説明する中村さん。宮古島ひとときさんぽツアーにはカツオの一本釣りを体験するプログラムもある　2. 佐良浜漁港のおーばんまい食堂には、伊良部漁協と考案したフォトスポットが　3. 中村さんの職場は「島の駅みやこ」にあるツアーカウンター

Profile ＊ なかむら りょうぞう
「宮古島ひとときさんぽ」を手がける(株)プラネット・フォー代表。宮古島の人たちから、島民以上に宮古島を愛していると評されるアツい男。

町の散策は自分でも自由に歩けるが、ガイドさんが一緒だと歴史や文化の話も聞けるので満足度が高い。簡単に歩ける場所ほどガイド付きツアーに参加すると新たな発見があるのでおすすめ。

出発前にチェックしておきたい！

旅の基本情報
Basic Information

！

宮古を旅するうえで欠かせない情報をご紹介。

島への行き方からベストシーズンや見どころ、困ったときの話まで

知っておきたいトピックスを網羅しました。

旅の基礎知識

沖縄本島からさらに約300km南西にある宮古島。世界トップクラスといわれる透明度の高い海に囲まれた島に、独特の文化が今も残る。

PART 1 まずは宮古島について知ろう

宮古ブルーと称される海に囲まれた、自然豊かな島

◆宮古島を中心に、8つの島々からなる

宮古島、池間島、来間島、大神島、伊良部島、下地島、多良間島、水納島の8つの島々で構成される宮古諸島。最大の繁華街、平良をもつ宮古島の面積はおよそ159km²。香川県の小豆島（約153km²）や神奈川県の川崎市（約144km²）とほぼ同等の大きさだ。北の池間島、西の伊良部島、南西の来間島と宮古島は、橋で結ばれており、車での行き来が可能となっている。約60km西には多良間島があり、独自の風習が今も残る。多良間島の北に位置する水納島は現在1世帯のみが暮らす静かな島だ。

上空から見た水納島。隆起サンゴでできた平らな島だ

◆1年中温暖な亜熱帯海洋性気候

宮古島の年間平均気温は23℃。高温多湿の亜熱帯海洋性気候の島だが、サンゴが発達してできた琉球石灰岩からなり、河川がないため、西表島や沖縄のやんばるのような原生林はない。宮古島の最高標高は115mと島全体が平坦で、島の半分近くが耕作地となっている。以前の主力産業はサトウキビだったが、近年はマンゴーの栽培に力を入れており、6～8月の収穫時期には島中で熟した果実や、かき氷、スムージーなどのスイーツが並ぶ。

パパイア、パッションフルーツなどの南国のフルーツが自生する

◆国際空港が開業し新規ホテルが続々オープン

2015年に伊良部大橋が開通、2019年にみやこ下地島空港がオープンし、ますます活気づく宮古島。下地島空港は国際線ターミナルも備えており、海外から

大型の豪華客船も立ち寄り海外からのツーリストも多い

直接乗り入れられるようになった。それにともない、伊良部島にもホテルが続々オープン。それぞれに独立したプールをもつ高級ヴィラ、外資系ラグジュアリーホテルも参入し、にぎやかな様相だ。とはいえ、車を走らせればサトウキビ畑が広がりのどかな風景が広がる。この心地よい空気感が人々を魅了している。

◆秘祭や奇祭、伝統神事が残る神の宿る島

観光開発が進む一方で、一歩中心部を離れれば伝統的な神事や習慣が残る宮古島。多良間島では300年間の歴史をもつ「八月踊り」、宮古島の島尻集落では全身泥をまとった来訪神パーントゥが、人々や民家に泥をつけて回る奇祭などが今も行われている。また、聖なる島、大神島では、神事自体を島外に公開しておらず、祭り期間は島への立ち入りも許可が必要だ。

強烈なインパクトのパーントゥ。泥をつけられると3日は臭いが残るとか

多良間の八月踊りは一般見学もできる

---

voice 急速な開発により活気があふれる宮古島だが、一方で慢性的な水不足が深刻だ。元々河川のない宮古島では水はとても貴重だった。かつて使われていた井戸、サバウツガー（→P.105）や地下ダム資料館（→P.103）などを訪ねて宮古島の水源について学んでみよう。

宮古島旅行のノウハウ Q&A

旅行前の準備や現地での過ごし方に欠かせないポイントを紹介！

旅の基本情報 / 旅の基礎知識

遊び方のノウハウ

Q. 現地ツアーは予約が必要？
A. 事前に予約を

マリンアクティビティやガイドツアーは予約が安心。特に夏休みシーズンや連休は満席のことも。八重干瀬や青の洞窟、鍾乳洞探検などは干潮、満潮で出発時間が変わるのでツアー会社に問い合わせてみて。

大小のサンゴが群生する八重干瀬でスノーケリング

Q. 雨の日は何をする？
A. 屋内アクティビティにトライ

三線教室やカチャーシー体験（→ P.55）、キャンドル作り、シーサー作り（→ P.56）などがおすすめ。

まったりキャンドル作りも乙なもの

Q. コンビニはある？
A. ファミリーマートがある

平良市街地には15店舗以上、伊良部島にも1軒、24時間営業のファミリーマートがある。またおみやげや、マリンアイテムが豊富なドン・キホーテ宮古島店やスーパーのサンエーも便利。

生鮮食品からおみやげまで揃うドン・キホーテ

シーズンのノウハウ

Q. ベストシーズンはいつ？
A. 泳ぐなら夏。絶景巡りなら冬でもOK

海遊びがメインならやはり5〜10月。だが、絶景巡りやドライブを楽しむなら人が少なく、本土ほど寒くもない冬場もおすすめ。冬期限定メニューを用意するカフェなどもあり、冬ならではの楽しみもある。ただし冬場は風の強い日も多いので防寒対策をして。

Q. 台風が来たらどうする？
A. ホテルに戻り安全を確保

巨大な台風の通り道となる宮古島。例年7〜9月に台風が多い。台風が来てしまったら残念ながら通り過ぎるまで安全な屋内に避難するしかない。宿泊先の指示に従い不用意な外出は避けて。雨が降っていなくても台風前後はうねりが入るので海遊びはもってのほか。ただ、地元の人は台風が来ると早めに店を閉めて飲むのが楽しみ、だそうだ。

Q. 服装は？
A. 夏は紫外線対策を万全に

春〜秋にかけて、紫外線が強烈だ。帽子、サングラス、日焼け止めは必携。冬場は風に備えて長袖の羽織物を持って行こう。

台風のときに宮古島におり、暴風域に入る前に夕食をと予約の電話をしましたがことごとくいっぱい！ 島の人々が飲みに繰り出すからだそう。仕方なくホテルのレストランに行くと、スタッフからカチャーシーなどの出し物があり楽しく過ごせました。(名古屋／みいこさん)

127

お金のノウハウ

Q. 旅費の目安はどれくらい？
A. 宿泊施設によってさまざま
東京発平良のビジネスホテルに宿泊するツアーで2泊3日、3万5000円くらいからあるが、利用するホテルによってまったく異なってくる。飛行機の正規運賃は6万円以上と高額なので、各種割引をうまく活用しよう。

Q. クレジットカードは使える？
A. 大きめのホテルやショップでは使える
クレジットカードの通用度は比較的高いが、食堂、民宿では使えないところもある。PayPayなどのキャッシュレス決済が使える店も増えている。

レストランのノウハウ

なかみそばにもトライして！

Q. 飲食店は予約が必要？
A. 人気店は予約が必須
平良市街地の人気店は常に混み合っている。お目当ての店は予約しておこう。予約が取れない場合は21時を過ぎると入れることもあるので、直接店を訪ねてみても。

一度は味わいたい宮古牛。鉄板焼きか焼肉がおすすめ

Q. 宮古そばはどこで食べられる？
A. 食堂や専門店で
宮古そばも一度は味わいたい。ぜひ人気の店で味わってみて（→P.62）。食堂はランチタイムのみ、売り切れ次第終了という店も多いので営業時間を必ずチェック。

ぜひ食べ比べたいが島のそばは量が多いので注意！

おみやげのノウハウ

まもる君の島ゲーム！

Q. どんなおみやげがある？
A. 食品から雑貨まで豊富
塩や黒糖、マンゴーや泡盛などの食品や、まもる君、パーントゥグッズなどが定番。また、アクセサリーやTシャツ、皮革製品などのおしゃれな雑貨も多く、自分みやげ探しも楽しい。

Q. いろんなおみやげが揃っているのは？
A. 島の駅みやこや空港が便利
島の駅みやこ（→P.98）は島みやげ全般が揃う。下地島空港内にあるショップcoral port the Shop（→P.61）、シギラセブンマイルズリゾート内の琉球離島マーケットなども品揃えがいい。

島の駅みやこでおみやげをチェック

Q. 島唄ライブが聴きたい
A. ライブ時間を確認し予約
だいたい19時頃から第1部のステージが始まる。1部は予約が安心だ。第2部がある店では、20時30分あたりからスタートすることが多い。予約が取れなければ1部の客が帰る2部あたりを狙って直接行ってみるのも手（→P.74）。

唄者と観客が一体となる高揚感はライブならでは

Q. 泡盛はどこで飲める？
A. どの居酒屋でもほぼ用意している
島の居酒屋ではたいてい数種類用意している。なかには古酒など、品揃えにこだわる店も。初心者は泡盛カクテルからチャレンジしてみるのもおすすめ。

普段飲み慣れなくても島にいるとすんなり飲めてしまうから不思議

---

voice 6～8月に宮古島で収穫期を迎えるマンゴーは今や夏のおみやげの定番。では冬場はというと、12～4月頃までメロンが食べ頃を迎える。糖度は14度以上と甘さたっぷり。島の駅みやこやあたらす市場などで購入することができる。

旅の基本情報

宿泊のノウハウ

Q. どんな宿泊施設があるの?
A. 民宿からビジネス、リゾートホテルまで豊富

宿泊施設のバリエーションは豊富。平良市街地はビジネスホテルが多い。一方郊外に出れば、プールを備えたリゾートホテルも。南部には広大なシギラセブンマイルズリゾート(→P.78)があり、リゾートライフを満喫することができる。また伊良部島にも続々高級ホテルがオープンしている。慢性的に宿不足状態なので、予約は早めにしておこう。

プライベートプール付き!
プール、テラス、ジェットバス付きのコテージなど高級宿も多い

Q. 宿泊エリアはどこがいい?
A. 目的に応じて選ぼう

居酒屋や民謡ライブなどを楽しみたいなら歓楽街まで徒歩圏内の平良市街地のホテルが便利。リゾートライフを満喫するなら郊外のリゾートホテルへ。また、島ならではの自然やのんびりした空気を感じたいなら離島に宿を取ろう。

島内交通のノウハウ

Q. 島内の移動はどうする?
A. 便利なのはレンタカー

公共交通機関の少ない島で自由自在に動き回るならやはりレンタカーがベスト。レンタカー会社は豊富にあるが、シーズン中は早めの予約を心がけよう。島内観光には観光タクシーのチャーターも便利。

ネットワークのノウハウ

Q. 携帯は通じる?
A. ほぼ全域で通じる

どのキャリアもほぼ問題なく利用できる。ただし一部区間では電波の弱いところも。

Q. インターネットは使える?
A. Wi-Fi環境が充実している

ビジネスホテルやリゾートホテル、ゲストハウスなど、Wi-Fi完備のところは多い。ただし一部民宿ではネット環境がないところもあるので注意して。また、西里、市場、下里の中心市街地3つの通りで市がフリーWi-Fiを提供している。

PART 3 気になる! 食の旬が知りたい
宮古島の野菜や果物、旬はいつ?

旬の食材カレンダー

▼ おいしく食べられる旬　　🌱 収穫のある月

	食材	1	2	3	4	5	6	7	8	9	10	11	12
果物	マンゴー						▼	▼	▼	🌱			
	ドラゴンフルーツ							🌱	▼	▼	🌱		
	パッションフルーツ					🌱	▼	▼	🌱				
	パイナップル					🌱	▼	🌱					
	メロン	▼	▼			▼	▼				▼	▼	
野菜	冬瓜	🌱	🌱	🌱	🌱	🌱	🌱	🌱	🌱	🌱	🌱	🌱	🌱
	青パパイア	🌱	🌱	🌱	🌱	🌱	🌱	🌱	🌱	🌱	🌱	🌱	🌱
	海ぶどう	🌱	🌱	🌱	🌱	🌱	🌱	🌱	🌱	🌱	🌱	🌱	🌱
	島らっきょう	🌱	🌱	🌱	🌱							🌱	🌱
	島ニンジン	🌱	🌱	🌱	🌱						🌱	🌱	🌱

voice 宮古島は起伏が少ないのでサイクリングもいい。しかし、意外と広い宮古島。予想外に遠かった、電動アシスト自転車の電池が途中でなくなった、という人もいるようなので注意! サイクリングなら下地島空港で自転車を借りて17エンドに行くのがおすすめ。

宮古島へのアクセス

宮古島へのアクセスは飛行機がメイン。空港は宮古島市平良にある宮古空港と、2019年3月に伊良部島に開業した下地島空港の2つがある。

宮古空港

宮古島一の繁華街である平良の南西約6kmに位置する空港。市街地まで約15分とアクセスがいい。2024年10月現在、6つの都市からフライトがある。

MAP P.94B3　**営** 7:00～21:00　**駐車場** あり（入庫から9時間まで100円／時。9時間以降は1000円／日）
URL miyakoap.co.jp

宮古空港へのフライト

羽田空港	約3時間	JTA／ANA
関西空港	約2時間30分	ANA（季節運航）
中部国際空港	約2時間30分	ANA（季節運航）
那覇空港	約55分	JTA
多良間空港	約25分	RAC
石垣空港	約30分	RAC

→宮古空港

空港から市内へ

バス

エアポートバスやシャトルバスはなく、路線バスを利用する。空港から各地へは、宮古協栄バスが運行し、平良公設市場前のバス停「市場通り」までは約15分、240円。本数は少ない。池間島やシギラ方面に行くバスもある。

宮古協栄バス
☎ (0980)72-2414　**URL** https://385kyoei.com

タクシー

タクシー乗り場は到着ロビーの出口を出てすぐのところにある。平良市街地までは1500円程度。（タクシー会社リストはP.131）

送迎バス

ホテルなどが送迎を行っている場合、係りの人が到着ロビー出てすぐのところに看板を持って待っている。

レンタカー

公共交通機関の少ない島で自由に動くにはレンタカーが便利。予約している場合は、空港内のカウンターに行くか、到着ロビーで待っている係りの人と合流し、その後レンタカー会社のバスなどで各会社の店舗まで行く。返却時も、レンタカー会社の店舗で返却し、送迎バスで空港へ行く。

オリックスレンタカー　宮古島空港店
☎ (0980)73-5500　**URL** https://car.orix.co.jp
日産レンタカー　宮古空港店
☎ (0980)73-7723　**URL** nissan-rentacar.com
トヨタレンタカー　宮古島空港店
☎ (0980)75-0100　**URL** rent.toyota.co.jp
ニッポンレンタカー　宮古空港前営業所
☎ (0980)72-0919　**URL** www.nipponrentacar.co.jp

チェック！ 観光案内所

到着ロビーにある。ホテルやレンタカー、アクティビティなど各種パンフレットが揃う。
営 7:30～20:00
問い合わせは観光協会☎ (0980)79-6611 まで。

宮古空港 Q&A

Q. レストランはある？
A. 出発ロビーにある
　搭乗前の出発ロビーには、郷土料理のレストラン、A&W、喫茶店がある。搭乗待合室には宮古そばなどを出す売店がある。

Q. おみやげは買える？
A. 定番みやげが手に入る
　お菓子やフルーツ、雪塩の売店、宮古そばや名物うずまきパンも手に入る。搭乗待合室にも1軒売店があり、お菓子などが買える。

Q. Wi-Fiはつながる？
A. 一部エリアでつながる
　2階出発ロビー、A&W、搭乗待合室でフリーWi-Fiが使える。搭乗待合室の一角には、コンセントやUSBの充電コーナーがある。

Q. 何をして過ごす？
A. マッサージでリラックス
　足つぼやヘッドマッサージは20分～の短時間メニューもある。3階には展望デッキがあり、飛行機の離発着を見るのもいい。

voice 手荷物検査場を通過したあとの搭乗待合室にあるショップでは、ダグズ・コーヒーのコーヒーを飲むことができる。搭乗を待つ間、香り高いコーヒーを飲みながらひと息つけるのはうれしい。

!旅の基本情報

宮古島へのアクセス

下地島空港

宮古島と橋でつながる伊良部島の西に位置する下地島にある下地島空港。国際線ターミナルがあり、ジンエアーが運航中。

下地島空港へのフライト		
成田空港	約3時間30分　Jetstar（季節限定）	下地島空港
羽田空港	約3時間　SKY	
神戸空港	約2時間30分　SKY	
福岡空港	約2時間　SKY（7〜8月限定）	
那覇空港	約55分　SKY	

MAP 折り込み④ A2　**営** 7:00〜21:00　**駐車場** あり（無料）
URL shimojishima.jp

▶ 空港から市内へ

🚌 バス

下地島空港を出発し、平良港、宮古空港を経由し、シギラセブンマイルズリゾートまで行く「エアポートライナー」が、飛行機の離発着に合わせて運行（下地島空港→シギラ間約1時間10分、1200円）。また、市街地、宮古空港を経由し、東急リゾートまで行く「みやこ下地島空港リゾート線」（約1時間、800円）も。

「みやこ下地島エアポートライナー」中央交通
電 (0980)79-5540　**URL** https://ck-okinawa.com/
「みやこ下地島空港リゾート線」宮古協栄バス
電 (0980)72-2414　**URL** https://385kyoei.com/

🚕 タクシー

飛行機に合わせてタクシーが待機している。平良市街地まで約25分、約3500円〜。

伊良部島
日光タクシー
電 (0980)78-3007
開発タクシー
電 (0980)78-3774
新生タクシー
電 (0980)78-3326
Azリゾートサービス
電 (0980)78-3660

宮古島
まるちくタクシー
電 (0980)72-2005
丸一タクシー
電 (0980)72-2244
丸多タクシー
電 (0980)72-2230
協栄タクシー
電 (0980)72-3091
みなとタクシー
電 (0980)72-2200
太平タクシー
電 (0980)72-2717
三交タクシー
電 (0980)72-2320
八千代バス・タクシー
電 (0980)72-0677
かりゆしタクシー
電 (0980)74-3939
でいごタクシー
電 (0980)74-2053

🚗 レンタカー

レンタカーオフィスは別棟にある。手続き後にレンタカー専用駐車場にある車を借りる。

オリックスレンタカー　みやこ下地島空港ターミナル店
電 (0980)74-5088　**URL** https://car.orix.co.jp/
OTSレンタカー　下地島空港店
電 (0980)78-6625　**URL** www.otsinternational.jp/otsrentacar
トヨタレンタカー　下地島空港店
電 (0980)75-0100　**URL** rent.toyota.co.jp
パインレンタカー
電 0120-385-960　**URL** pine-rentacar.jp

🍃 下地島空港 Q&A

Q. Wi-Fi は使える？
A. フリー Wi-Fi がある
カフェのテーブルにも充電ポートが用意されているので便利。SIMの販売や海外用のWi-Fiルーターのレンタルもある。

Q. 子供用の設備はある？
A. 授乳室やベビーカーレンタルも
空港内には授乳室がある。ベビーカーの貸し出しは飛行機に乗る人はチェックインカウンターで、見学の人はインフォメーションカウンターへ。

Q. 待ち時間はどうする？
A. 17エンドへのサイクリングも
子供用の塗り絵の配布やトートバッグの絵付け体験（2000円）、自転車のレンタルもある（2時間1500円）。

Q. 出国後エリアには何がある？
A. レストランがある
沖縄そばやカレー、ラフテー丼などが味わえるレストラン、おみやげを扱うショップがある。また出国後エリアには免税店もある。

voice 宮古島では「DiDi」や「宮古島 TAXI」といったタクシー配車サービスアプリが開始されている。アプリを活用して便利に宮古島の観光を楽しもう。

宮古島の島内移動術

島内を自由に移動するならレンタカーが便利だが、路線バスや自転車でのんびり移動するのも楽しいもの。バス旅は1日に数本しかバスの便がないので、事前のスケジューリングをきっちりと！

おもな路線バス

島内全域に路線バスが走っているので、時間さえあればバスでの旅もできる。本数が少ないので、各バス会社のホームページなどで時刻表を確認して。

バス路線名

・池間一周線
八千代バス
☎ (0980)72-0677
URL www.yachiyo-bus-taxi.jp

・みやこ下地島エアポートライナー
中央交通
☎ (0980)79-5540
URL ck-okinawa.com/destinations/shimojishima

・新城吉野保良線
・与那覇嘉手苅線
・新里国線
・みやこ下地空港リゾート線
・長北山北線
・友利線
宮古協栄バス
☎ (0980)72-2414
URL https://385kyoei.com

・平良線
共和バス
☎ (0980)78-3111
URL https://kyowabus.studio.site/

タクシー

飛行機の発着に合わせて空港に待機している。ホテルやレストランでは呼んでもらって利用する。初乗り470円。島内の見どころを効率よく巡るなら観光タクシーも便利。3時間1万1600円〜。

ドライブアドバイス

伊良部島、池間島、来間島の見どころを回りつつ、一周して帰ってくるとだいたい100km。見どころでちょっと下車しながらだとおよそ8時間が目安。

レンタバイク・レンタサイクル

宮古島は起伏が少ないのでレンタサイクルで巡るのも楽しい。原付バイク1日2800円〜、電動アシスト付き自転車1日1700円〜、ロードバイクレンタル1日1万2000円〜。ホテルで用意していることもある。

レンタサイクル info.
BIG JOY 宮古島
☎ 090-3796-4336
URL miyakojiman.com
B.SHOP 宮古島　☎ (0980)73-9311
URL bshopmiyako.web.fc2.com

VOICE 宮古島市内では、将来の観光循環バスの自走化に向けた実証・検証のため、市街地とホテルエリアと主要観光地を巡るループバスが2025年2月28日まで運行している。乗車券500円（1日券1500円）。詳しくはURLを確認。URL https://miyakoislandbus.com/

多良間島へのアクセス

✈ 飛行機でのアクセス

宮古空港から多良間空港までRACが1日2便運航。所要25分。片道8900円。往復割引あり。

宮古発	多良間着	多良間発	宮古着
9:25	9:50	10:20	10:45
15:50	16:15	16:40	17:05

問 RAC　電 0570-025-071（JAL）
URL https://rac-okinawa.com/

🚢 船でのアクセス

宮古島平良港と多良間島を「フェリーたらまⅢ」が1日1往復運航。所要2時間。片道2510円。往復4770円（日曜運休）。

平良港	多良間	多良間	平良港
9:00	11:00	13:00	15:00

問 多良間海運　電 (0980)72-9209
URL www.taramakaiun.com

多良間島の島内の交通

多良間島は1周15km。車ならば1周25分。自転車で1周1時間30分程度。
多良間空港、多良間港から集落までは有償バスが運行。
多良間空港、多良間港から集落中心部までは車で約5分。

🚌 有償バス

多良間空港、多良間港から集落までは有償バスが運行。夢パティオ〜空港間約20分400円、〜港間約30分200円。

有償バス info.
多良間村有償バス（多良間村役場）
電 (0980)79-2011

🚗 レンタカー

多良間島での移動にはレンタカーが便利。台数が少ないので事前予約が安心。港や空港へ送迎してくれる。6時間2500円〜、24時間3500円〜。民宿に併設しているところもあり、宿泊者には割引があるところも。

レンタカー info.
レンタカーあだん　電 (0980)79-2088
COCOハウスレンタカー　電 (0980)79-2133
豊見城レンタカー　電 (0980)79-2938
たらまんたINN　電 090-8294-0120

🚲 レンタバイク・レンタサイクル

最も高い場所でも標高34mの多良間島は、レンタサイクルでの移動も可能。レンタサイクル1日800円〜、レンタバイク1日2500円〜。

レンタバイク・レンタサイクル info.
COCOハウス　電 (0980)79-2133
たらまんたINN　電 090-8294-0120

その他の島々へ

大神島

大神島へは、宮古島の島尻港からフェリーで。1日5往復（冬期4往復）。所要15分。片道370円。

島尻発	8:00	10:20	13:00	16:10
大神島発	8:20	11:05	13:45	16:30

*冬期ダイヤは異なる

問 大神海運　電 (0980)72-5477

水納島

水納島には定期船がないため、船をチャーターする。チャーター料は往復3万円〜。所要15〜20分。
問 多良間村ふしゃぬふ観光協会　電 (0980)79-2828

---

voice 多良間島に港はふたつあり、ひとつは集落近くの多良間港（前泊港）。もうひとつは南西部の普天間港。風向きにより発着港が変わり、夏場は多良間港、冬場は普天間港を利用。詳しくは多良間海運へ。

観光案内所活用術

島の過ごし方、遊び方ならおまかせ！

宮古島に到着したらまずは観光案内所へ。
パンフレットや最新情報を手に入れて、島での滞在をより楽しもう！

空港観光案内所

宮古空港で荷物を受け取って外に出ると、目の前にあるのが空港の観光案内所。宮古島の地図やアクティビティのパンフレットなどが置いてあるので、まずはここで情報収集がおすすめ。

MAP P.94B3　住 宮古空港内1階到着ロビー
電 (0980)79-6111　時 7:30～20:00　休 なし

多良間村ふしゃぬふ観光協会

多良間村地域振興拠点施設内にある観光案内所。島のパンフレットなどが並ぶ。施設内には特産品を売るショップや、食堂、コワーキングスペースも。

MAP P.108B2　交 多良間空港から車で約20分
住 多良間村塩川445-1　電 (0980)79-2828
時 10:00～18:00　休 水曜　駐車場 あり

降るような星空を見に来て！

お役立ちウェブサイト

宮古島観光協会
URL www.miyako-guide.net
多良間村観光協会
URL kyodomarine.wixsite.com/tarama2
おきなわ物語
URL www.okinawastory.jp

おもな宿泊リスト

平良市街地

セイルイン宮古島　MAP 折り込み①C3　住 宮古島市平良字下里3　電 (0980)74-3854　料 朝5700円～　客室数 50
URL www.crewis.co.jp

ホテルピースアイランド宮古島　MAP 折り込み①D3　住 宮古島市平良字西里310　電 (0980)74-1717　料 素7600円～　客室数 96　URL peace-k.jp/miyako

ホテル アートアベニュー　MAP 折り込み①C2　住 宮古島市平良西里7　電 050-1731-8888　料 素5000円～　客室数 24
URL https://hotel.artavenue.co.jp/

COZY STAY GROUP Y'RISE TO HOTEL　MAP 折り込み①C2　住 宮古島市平良西里83　電 (0980)75-6147　料 素7000円～　客室数 27　URL cozy.okinawa

平良郊外

ビバリーヒルズヴィラ　MAP P.102B1　住 宮古島市平良下里3107　料 1万7100円～　客室数 4　URL https://www.palm-resorts.com/beverlyhills

ホテル・トリフィート宮古島リゾート　MAP P.94C3　住 宮古島市平良下里2422-1　電 (0980)75-7700　料 1万円～　客室数 207　URL https://torifito.jp/miyakojima/ja

BigJoyイン広公路　MAP P.94B2　住 宮古島市平良字西里820　電 090-6859-5576　料 6500円　客室数 19　URL hirokouji.org

北部

villa karimata　MAP P.100A1　住 宮古島市平良字狩俣4450-1　電 なし　料 10万円～　客室数 1　URL villa-karimata.com

Grand Bleu Gamin　MAP P.100B3　住 宮古島市平良字荷川取1064-1　電 (0980)742511　料 朝3万円～　客室数 5
URL www.grand-bleu-gamin.com

池間島

池間の宿凸凹家　MAP 折り込み⑥A2　住 宮古島市平良前里68-1　電 (0980)74-4777　料 朝9500円～　客室数 3
URL dekoboco.com

勝連荘　MAP 折り込み⑥A2　住 宮古島市平良前里44　電 090-9780-9472　料 素3750円、朝夕7700円　客室数 6
URL katsuren.odawaraitl.3zoku.com

クリスタルヴィラ池間　MAP 折り込み⑥A2　住 宮古島市平良前里285-1　電 0120-385-514　料 2万1500円～　客室数 3
URL https://crystalvilla.jp/ikema/

アイランドテラスニーラ　MAP 折り込み⑥A2　住 宮古島市平良前317-1　電 (0980)74-4678　料 2万6200円～　客室数 5
URL www.neela.jp

南部

マリンロッジ・マレア　MAP P.102A1　住 宮古島市下地字与那覇前原437-3　電 (0980)76-3850　料 素3600円～、朝8333円～　客室数 47　URL https://marea-miyako.jp/

ヨナパハレ　MAP P.102A1　住 宮古島市下地字与那覇777-1　電 (0980)76-2241　料 朝5500円～　客室数 3　URL www.yona-pahale.com

ZUMI TERRACE うちなーみやリゾート宮古島　MAP P.102A2　住 宮古島市下地字与那覇783-1　電 (0980)79-0065　料 1室2万1000円～　客室数 12　URL https://uchimiyaresorts.com/

いんとぅぱりとぅーすら　MAP 折り込み③B1　住 宮古島市城辺保良496-1　電 (0980)74-4501　料 素3600円～　客室数 4
URL intoparitosura.okinawa

来間島

ペンションたきなか　MAP 折り込み⑤B1　住 宮古島市下地字来間58　電 (0980)76-3402　料 朝夕6000円　客室数 6

伊良部

民宿まるよし　MAP 折り込み④A2　住 宮古島市伊良部字国仲86-12　電 (0980)78-5567　料 素3800円～、朝夕4300円～　客室数 8　URL primenet2010.biz/maruyoshi

ホテルサウスアイランド　MAP 折り込み④A2　住 宮古島市伊良部字伊良部1493-1　電 (0980)78-3895　料 素4000円～　客室数 21
URL south-island.jp

下地島

下地島コーラルホテル　MAP 折り込み④A2　住 宮古島市伊良部国仲925-1　電 (0980)78-6787　料 素5400円～　客室数 53
URL https://shimojishima-hotel.com/

Voice 宮古島では本州より早く5～6月にかけてひまわりが満開に。島内には宮古空港から伊良部大橋に向かう左手の松原南地区や、伊良部島の中央部魚口地区など、いくつかひまわり畑がある。観光協会でマップを作成しているので尋ねてみて。

さくいん

観る・遊ぶ　　食べる・飲む　　買う　　泊まる

観る・遊ぶ

アイランド・ワークス ･･････････････････ 40
　池間大橋 ･････････････････････････ 35
池間島ダイビングサービス ･･･････････ 38
オルタナティブファーム宮古 ･････････ 54
石庭 ･･･････････････････････････････ 89
伊良部島観光ガイドゆうむつ ･･･････ 41
イムギャーマリンガーデン ････････････ 44
うえのドイツ文化村 ･････････････････ 103
大神島 ････････････････････････ 89、120
帯岩 ･･････････････････････････････ 89
蟹幸 ･･････････････････････････････ 43
ガラス工房 PONTE ･････････････････ 53
金城陶芸 ･･････････････････････････ 32
来間大橋 ･･････････････････････････ 35
サパウツガー ･････････････････････ 105
　幸せのハート岩 ･･････････････････89,101
シーサーモノガタリ ････････････････ 56
シースカイ博愛 ･･･････････････････ 43
シギラ黄金温泉 ･･･････････････････ 81
シギラビーチ ･･･････････････････････ 45
島尻のマングローブ林 ･･･････････ 101
　下地島空港 ･･････････････････････ 60
塩川御嶽 ･･･････････････････････ 89
塩川御嶽とフクギ並木 ･･･････････ 109
シュガーガー ･･･････････････････ 109
しろう農園カフェ ･･･････････････ 59
砂山ビーチ ･････････････････････ 45
セブンシーズ宮古島 ････････････ 46、92
トゥリバービーチ ･･･････････････ 45
通り池 ･････････････････････89,105
渡口の浜 ･･･････････････････････ 45
中の島ビーチ ･･････････････････ 45
西平安名崎 ･････････････････ 101
パイナガマビーチ ････････････ 44
漲水御嶽 ･････････････････････ 88
東平安名崎 ･････････････････ 37
ピトゥマタウガン ･･････････････ 109
feu wax ･･････････････････････ 56
フナウサギバナタ ･･････････････ 108
ふる里海浜公園 ･･･････････････ 108
ふるさと民俗学習館 ･･･････････ 108
ベイクルーズ宮古島 ･･････････ 45
保良泉ビーチ ･･･････････････ 45
牧山展望台 ･････････････････ 105
まいぱり 宮古島熱帯果樹園 ･････ 59
漲間御嶽 ･･････････････････ 109
宮古島海中公園 ･･･････････ 58
宮古島海宝館 ･･････････････ 103
宮古島工織工房 ･･･････････ 55
宮古島市公設市場 ･･･････････ 95
宮古島市地下水資料館 ･･･････ 103
宮古島市熱帯植物園 ･･･････ 95
宮古島ひとときさんぽツアーデスク ･･47、50、52
宮古神社 ･･････････････････ 88
八重山遠見台 ･････････････ 108
八重干瀬 ･････････････････ 38
大和井 ･･･････････････････ 89
雪塩ミュージアム ･･･････････ 58
吉野海岸 ･････････････････ 44
与那覇前浜 ･････････････ 34、44
竜宮城展望台 ･･････････････ 103
琉装着付け体験 46st. ･････ 54
17エンド ･･･････････････ 36
土原ウガン ･･････････････ 108

食べる・飲む

アイスクリンカフェ Mi-ma ･･･････ 73
Island Brewing Miyakojima ････ 95
AOSORA PARLOR ･･････････ 71
あかがーら 宮古島店 ･･･････ 95
居酒屋でいりぐち ･･････････ 95
一魚一会 宮古島店 ･･････････ 97
伊良部そば かめ ･･･････････ 62

insula curry ･････････････ 106
うさぎや 宮古島店 ･･････････ 75
うまいもの酒場 芳野商店 ･･･ 66
エルドラド ･･････････････ 96
おーばんまい食堂 ･･･････ 65
海美来 ･･･････････････ 101
果き氷 海莉 ･･･････････ 72
カフェ Irayoi ･･･････････ 101
カフェ ウエスヤ ･･･････ 67
cafe nuis ･･･････････ 103
キッチンみほりん ･･･････ 103
くじら食堂 ･････････ 96
國仲商店 ･･･････････ 71
ぐるぐるめんや ･････ 73
郷家 ･･･････････････ 75
腰原食堂 ･･･････････ 75
古謝そば屋 ･･･････ 63
島唄居酒屋 喜山 ･･････ 75
島唄楽園 美ら island ･･ 75
島唄楽園 ぶんみゃあ ･･ 74
島家ヤッカヤッカ ･･･ 104
島とうふ 春おばぁ食堂 ･･ 64
じんく屋 ･･････････ 63
スーパースター ･･････ 97
すくばりテラス ･････ 97
スナヤマカフェ ･･･ 97
すむばり食堂 ･････ 65
ダグズ・グリル ･･･ 95
ダグズ・コーヒー ･･ 96
ダグズ・バーガー宮古島本店 ･･ 69
旅と酒 ガリンペイロ ･･ 95
ツマンデ呑める みやこパーラー ハイサイ！ ･･ 67
ティダファクトリ ･･ 97
トリコファーム ･･･ 103
中休味商店 ･････ 96
BYID juice bar ･･ 72
HARRY'S Shrimp Truck ･･ 70
フィッシュタウゥルナサンボ ･･ 66
PRIMONTE ･･･ 66
Blue Turtle ･･･ 71
Blue Turtle Farm&Mango Cafe ･･ 70
フルーツクイチャー ･･ 96
ヘミングウェイ ･･ 109
Bocca burger ･･ 69
BOTTA ･･･････ 106
眞茶屋 ･･･････ 98
丸古食堂 ･･･ 63
みなと食堂 ･･ 64
宮古きび茶屋 ･･ 101
宮古牛焼肉喜八別館 ･･ 95
宮古そば まっすぐ ･･ 62
宮古横丁 ･･･ 97
モンテドール ･･ 96
ユキシオステーキ。 ･･ 68
ユートピアファーム宮古島 ･･ 104
楽園の果実 cafe & おみやげ館 ･･ 104
リッコ ジェラート宮古島本店 ･･ 96
わとわ ･･･ 95
んまや～ ･･ 103

あたらす市場 ･･ 76
アトリエ和毛 ･･ 98
あらぐすくミツバチガーデン ･･ 104
池間酒造 ･･ 91
いらぶ大橋 海の駅 ･･ 106
沖之光酒造 ･･ 91
美ぎ島雑貨ぴじゅまる ･･ 104
菊之露酒造 ･･ 90
島尻購買店 ･･ 101
島の駅みやこ ･･ 98
すまむぬたらま ･･ 109
soramoyo ･･ 98

買う

多良川 ･･･････ 90
　多良間島特産品直売店 ･･ 109
デザインマッチ ･･ 98
渡久山酒造 ･･ 91
友利かつお加工場直売店 海鸚 ･･ 106
南国雑貨 Tida ･･ 104
Burwood DONUTS ･･ 98
まごとうふ ･･ 98
宮古島シティ サンエー食品館 ･･ 77
宮古島チーズ工房 ･･ 104,124
宮の華 ･･ 91
モジャのパン屋 ･･ 98
琉球ザッカ青空 ･･ 104

泊まる

アイランドテラスニーラ ･･ 134
アトールエメラルド宮古島 ･･ 99
アヤンナ宮古島 ･･ 86
アラマンダ インギャーコーラル ヴィレッジ ･･ 79、80
池間の宿☆凪家 ･･ 134
イラフ SUI ラグジュアリーコレクションホテル沖縄宮古 ･･ 84
いんとぅぱりとぅ～すら ･･ 134
villa karimata ･･ 134
ヴィラブリゾート ･･ 86
ウェルネスヴィラ ブリッサ ･･ 79
ウォーターマークホテル&リゾーツ沖縄 宮古島 ･･ 86
勝連荘 ･･ 134
かりゆしコンドミニアムリゾート 宮古島ふくぎステイズ ･･ 87
Grand Bleu Gamin ･･ 134
クリスタルヴィラ池間 ･･ 134
COZY STAY GROUP Y'RISE TO HOTEL 宮古島 ･･ 134
紺碧ザ・ヴィラオールスイート ･･ 86
サザンコースト宮古島 ･･ 99
ザ シギラ ･･ 79
the rescape ･･ 84
サントリーニ ホテル&ヴィラズ宮古島 ･･ 85
シギラセブンマイルズリゾート ･･ 42、56、78
シギラベイサイドスイート アラマンダ ･･ 79
下地島コーラルホテル ･･ 134
ZUMI TERRACE うちなーみやびリゾート宮古島 ･･ 134
セイルイン宮古島 ･･ 134
セントラルリゾート宮古島 ･･ 99
Soraniwa hotel&cafe ･･ 86
たびのホテル lit 宮古島 ･･ 87
パールスプリングス宮古島リゾート ･･ 99
BigJoy イン広公路 ･･ 134
ビバリーヒルズヴィラ ･･ 134
ヒルトン沖縄宮古島リゾート ･･ 82
ブルーオーシャン ホテル&リゾート宮古島 ･･ 86
ペンションたきなか ･･ 134
ホットクロスポイント サンタモニカ ･･ 79、80
ホテル アートアベニュー ･･ 134
ホテルカリフォルニア宮古島リゾート ･･ 87
ホテルサウスアイランド ･･ 134
ホテル サンタバーバラ 宮古島店 ･･ 87
ホテル385 ･･ 87
ホテル シーブリーズコーラル ･･ 79
ホテル シギラミラージュ ･･ 79、80
ホテル・デ・ラクフ宮古島 ･･ 99
ホテル・トリフィート宮古島リゾート ･･ 134
ホテルピースアイランド宮古島 ･･ 134
ホテルピースアイランド宮古島市役所通り ･･ 99
ホテルブリーズベイマリーナ ･･ 79、80
ホテルローカス ･･ 99
HOTEL LOCAL BASE ･･ 99
マリンロッジ・マレア ･･ 134
Mr.KINJO LINK in Kugai 宮古島 ･･ 87
宮古島来間リゾート シーウッドホテル ･･ 83
宮古島東急ホテル&リゾーツ ･･ 85
民宿あるじ ･･ 134
夢パティオたらま ･･ 109
ヨナパハレ ･･ 134

135

宮古島

地球の歩き方 島旅 11

伊良部島 下地島 来間島
池間島 多良間島 大神島

MIYAKO 3訂版

STAFF

Producer	髙見ひかり、斉藤麻理
Editors & Writers	アトール（高井章太郎、澄田直子）、永島岳志
Photographer	吉川昌志、永島岳志
Photo	PIXTA
Designer	坂部陽子（エメ龍夢）
Maps	千住大輔（アルト・ディークラフト）
Proofreading	ひらたちやこ
DTP	株式会社ダイヤモンド・グラフィック社

Special Thanks　一般社団法人宮古島観光協会、吉田 芹、柴田 政哉
　　　　　　　　写真提供：一般財団法人 沖縄観光コンベンションビューロー

地球の歩き方 島旅 11　宮古島 3訂版
伊良部島 下地島 来間島 池間島 多良間島 大神島
2022 年 4 月 19 日　初版第 1 刷発行
2025 年 7 月 22 日　改訂第 2 版第 2 刷発行

著作編集	地球の歩き方編集室
発行人	新井邦弘
編集人	由良暁世
発行所	株式会社地球の歩き方 〒 141-8425　東京都品川区西五反田 2-11-8
発売元	株式会社Gakken 〒 141-8416　東京都品川区西五反田 2-11-8
印刷製本	株式会社 DNP 出版プロダクツ

※本書は基本的に 2024 年 5 月の取材データに基づいて作られています。
　発行後に料金、営業時間、定休日などが変更になる場合がありますのでご了承ください。
　更新・訂正情報　https://www.arukikata.co.jp/news/support/

本書の内容について、ご意見・ご感想はこちらまで
〒 141-8425　東京都品川区西五反田 2-11-8
株式会社地球の歩き方
地球の歩き方サービスデスク「島旅　宮古島編 3 訂版」投稿係
URL▶ https://www.arukikata.co.jp/guidebook/toukou.html
地球の歩き方ホームページ（海外・国内旅行の総合情報）
URL▶ https://www.arukikata.co.jp/
ガイドブック『地球の歩き方』公式サイト
URL▶ https://www.arukikata.co.jp/guidebook/

●この本に関する各種お問い合わせ先
・本の内容については、下記サイトのお問い合わせフォームよりお願いします。
　URL▶ https://www.arukikata.co.jp/guidebook/contact.html
・広告については、下記サイトのお問い合わせフォームよりお願いします。
　URL▶ https://www.arukikata.co.jp/ad_contact/
・在庫については　Tel▶ 03-6431-1250（販売部）
・不良品（乱丁、落丁）については　Tel▶ 0570-000577
　学研業務センター　〒 354-0045　埼玉県入間郡三芳町上富 279-1
・上記以外のお問い合わせは　Tel▶ 0570-056-710（学研グループ総合案内）

© Arukikata Co., Ltd.
本書の無断転載、複製、複写（コピー）、翻訳を禁じます。
本書を代行業者等の第三者に依頼してスキャンやデジタル化することは、
たとえ個人や家庭内の利用であっても、著作権法上、認められておりません。
All rights reserved. No part of this publication may be reproduced or used in any form or by any means,
graphic, electronic or mechanical, including photocopying, without written permission of the publisher.

※本書は株式会社ダイヤモンド・ビッグ社より 2018 年 12 月に初版発行したものの最新・改訂版です。
※学研グループの書籍・雑誌についての新刊情報・詳細情報は、下記をご覧ください。
　学研出版サイト▶ https://hon.gakken.jp/
　地球の歩き方島旅公式サイト▶ https://www.arukikata.co.jp/shimatabi/

読者プレゼント

ウェブアンケートに
お答えいただいた方のなかから、
毎月 3 名様に「地球の歩き方」
オリジナルクオカード（500円分）
をプレゼントいたします。
詳しくは下記の
2 次元コードまたは
ウェブサイトをチェック！

※クオカードの絵柄は変更することがあります。

URL▶
https://www.arukikata.co.jp/
guidebook/enq/shimatabi